经典精益管理译丛

# 丰田示范
## 企业持续改善思维实施之道

THE TOYOTA ENGAGEMENT EQUATION
HOW TO UNDERSTAND AND IMPLEMENT CONTINUOUS
IMPROVEMENT THINKING IN ANY ORGANIZATION

[美] 特蕾西·理查森（TRACEY RICHARDSON） 著
埃尼·理查森（ERNIE RICHARDSON）

肖 燕 译

机械工业出版社

本书基于丰田在北美第一家全资工厂丰田肯塔基汽车制造公司（TMMK）的人才队伍培养案例，结合作者在丰田工厂的实践经验和学习心得，详细介绍了富含丰田文化的内容，包括丰田如何摆脱既有组织和基础设施的沿用，着手建造和装备新工厂，建立自己的供应链和销售网络，最重要的是如何培养自己的员工队伍。

本书对丰田生产方式的推行者、管理者在生产实践方面有很强的指导作用，也可供制造业的管理人员、精益推行人员使用。

# 推荐序一

自从美国麻省理工学院"国际汽车计划"研究团队主要成员沃麦克与琼斯合著的《精益思想》介绍、归纳、总结了由日本丰田公司首先推出的"精益生产"以来,精益生产在近30年里被越来越多的人所熟知,并已成为制造业和服务业提升管理水平的必由之路。然而,尽管精益生产的工具得到了广泛使用,但许多企业却未能掌握其文化的精髓,而是倾向于将精益视为短期、快速的问题解决方案,注重于其工具和方法的学习,而忽略其背后的思想。也许和练武一样,现在到了从学习看得见的外功转为修炼内功的时候了。

该书的两位作者都是在美国丰田肯塔基汽车制造公司创立之初即进入公司的,经过跟随日本丰田前辈的学习与实践,从作业员成长为管理者,最终成为各自领域专家的典范。离开丰田之后,他们又通过与丰田的合作,在学校与企业培训和辅导方面积累了大量的非丰田环境的实战经验。该书根据其30年的经历,用作者的知识和智慧对制造企业各个层级在持续改善、领导力发展以及问题解决的本质等方面进行了总结,所述内容跳脱说教,更像是传承丰田人生观的故事。

作者提出了简明的"丰田亲民方程式",其中包括第一部分"在肯塔基州乔治城的领导和学习",第二部分"一个思维系统的要素"和第三部分"每个人每天都参与",这些内容是作者对持续改善成功的思考方式的总结,它不仅是一套精益工具指南,而且是一套适用于制造企业各个层级、各个阶段横向和纵向发展理念的指南,是你可以随身携带的"思维工具"。特别是发现问题和解决问题所需的六项解决专业问题的能力,即鼓励你去现场观察(Go to See)、掌握情况(Grasp the Situation)、获得解决方案(Get to Solution)、进行标准化(Get to Standardization)、追求可持续发展(Get to Sustainability)和再度延伸(Get to Stretch),值得参考和借鉴。

全书叙述生动,案例丰富,语言流畅,言简意赅,译者也是专门研究工业工程和精益生产的科技工作者,翻译时下了很大功夫,保持了原著的基本风貌,使中文读者可以更好、更准确地理解精益生产的基本思想及其所隐含的文化,从而更好地将其转化为制造企业生产管理的实际执行力。

该书可供从事精益生产的企业管理人员、技术人员参考借鉴,也可供大专院校从事工业工程和精益生产科研、教学的师生参考。

中国工程院院士
浙江大学设计工程及自动化系 系主任
浙江大学求是特聘教授

# 推荐序二

拜读了《丰田示范——企业持续改善思维实施之道》译文之后,对许多过去一知半解的丰田理念,有了豁然开朗之感。这是一本由非日本土生土长的丰田人回顾并分享丰田如何改变员工人生的经典见证集。

## 一、海外传承丰田文化的证言

从作者的经验分享,我发现丰田人有一种"重生"的特质,就是他们都对丰田的栽培有无限的感激,因而愿意积极地把他们在丰田所累积、学习到的知识与他人分享,反馈社会。

贯穿全书的是"造物先育人"的信念及实践,它反映在所有丰田人的成长与领导的经验和丰田的制度之中。这种信念体现在仆人式领导方面,即领导均能以身作则,以员工利益为出发点。这是丰田卓越突出的信任基础,每位领导都是培训师/教练。

对于一般外界熟悉的丰田之道的两大支柱:尊重人与持续改善(Respect for People & Continuous Improvement),不像许多公司只是口号而已,而是充分渗透到丰田从高层到基层,处事、接物、待人(顾客、员工、供应商所有利益相关者)的所有细节中。制定任何标准作业都要考虑为使用者带来价值。即使一秒钟的改善也不放过,因为积少成多的优势正是丰田的核心竞争力。

## 二、戴明理论的实证

之所以能够达到这种境界,是因为丰田的文化及工作方式已使每个丰田人,每天都积极地参与公司的价值创造活动。丰田使每位员工每天积极参与创造价值的实践,为影响丰田至深的戴明理论提供了最佳实证,如为培育人所做的一切,甚至胜于眼前利益,彻底实践了戴明理论[一]的14要点。

这种文化具有一个真正学习型组织所展现出来的特质,即全员持续学习,这也是丰田人从上到下的座右铭及自我要求。SDCA(Standardize,Do,Check,Act)及PDSA(Plan,Do,Study,Act)的思维成为丰田人的工作方式,凡事问"为什么?"的科学思维方式。

能做到以上这些,是基于丰田的DNA(Discipline and Accountability),即对待任何事物及解决问题要有高度的纪律与责任感。这也是丰田不断进步的原动

---

[一] 丰田章一郎曾说:"没有一天我不会想到戴明理论对我们的影响。戴明理论是我们管理的核心。"

力，包括基层组员自我要求准时在生产线上就位的认知。

一般学习丰田（或精益）生产系统的公司之所以学不会，是因为他们多偏重方法论（Know-how），而不清楚为什么要做所做的（Know-why）。丰田人通过在工作中学习逐渐清楚地知道他们做每一件事背后的原因及价值。因为每位员工都指向真北，在丰田系统内全员都是利益共同体，公司关心员工发展，员工也关心公司的未来。

### 三、领导即学习与示范

一般公司很难模仿的是领导者所扮演的角色。丰田的领导，不论哪一阶层，都践行一边领导一边学习，把握时机（善用领先指标及现场、现物、现实原则），以身作则，不轻易假手他人，不怠惰或推卸责任，以免失去带领部下解决问题及改善的良机。

丰田的创始人向来忌讳把一些方法或理念标签化，因为一旦以一个简称名词为代号，如TPS、Lean、精益，其危险是容易以偏概全，误导人。这或许也会造成许多未深入理解丰田管理的学习者的错误及偏差认识。

### 四、五家企业的现场观察

联想到最近有幸拜访几家不同领域的企业之所见所闻，我根据书中内容做以下的总结。

从一家运动休闲服饰布料纺织厂，印证了创造生产优质产品的条件，必须从设计开始，即设计人、机、物、料、法的合理条件，也就是本书作者说的SDCA在这些领域的不断实践。有共同理解的标准，才能合理定义差异，不同部门间才有共同的语言进行有效的沟通，据此进行螺旋上升的PDSA循环。

从一家健康食品零售业，我发现员工是否具备统计思维会影响判断销售（不代表需求）起伏的合理性的能力。因为销售多不见得好，况且销售数据真实吗？这些数据会给员工带来恐惧感吗？员工的独立思考能力和创意会受限制吗？与制造单位之间的产销信息一致又及时吗？这些信息的能见度会直接影响价值的创造。倘若领导者与员工的现场脱节，上述的情况常会形成价值流失的缺口，但领导者往往不自知，反而在错误的方向上努力。这种情形在丰田式的领导与学习并重的文化中，几乎不可能发生。

从一家知名的跨国餐饮企业，我见证领导者亲自指导团队每天PDSA，透过各种数据分析，寻求资源的最佳调配。领导者一直在学习，也扮演着教练的角色，除了强调数据，也注重现场的观察，提高资源配置的能见度，充分反映出学习型组织中，强调个人提升和团队学习的操练。这正是本书所强调的亲民式领导所能产生的效果。

从一家汽车零件供应厂，我再次见证，当一个组织的员工来上班都是抱着来上学的态度时，这个组织便有无可限量的潜能，也必然是一个学习型组织。当领导者以利他为出发点，驱动自身及整个组织上进时，员工的自主管理可以使中层主管，甚至管理部门都消失，整个组织的架构变得非常扁平。一切信息透明化、可视化，决策高效，行动迅速。这家企业的精益改善，造就了员工高度的幸福感，生产的精益成就公司改善的精益。

最后，一家工具机产业的辅配件供应厂使我对自己在新加坡国立大学 EMBA 课程中教授的《系统运营与价值链管理》有了新的诠释。对于实践丰田生产管理模式的企业，价值链就是生命价值链。通过排除浪费，创造价值，使不可能成为可能，如空间减半，产能倍增；投资减半，产值倍增；没库存却比有库存交货快；较之于竞争对手，有限产能，却能满足更大且更多样的需求。如此一来，员工不必拼命（加班），反而能创造更大的价值。这也就反映了企业对员工生命的尊重。员工进入这种丰田式管理的企业，就是进入一条宝贵的生命价值链。加入这个丰田管理方式经营的产业链，就是成为以提高生命价值为驱动的供应链成员，为社会创造价值。

五家企业已经或即将进入领导传承的阶段。可以确定的是，能够虚心踏实、积极实践精益生产，且能巧妙将之推广到精益改善的企业，领导传承将不会是个问题。

### 五、深知不足而积极向学

社会在变化，顾客在进化，发生问题是必然，关键是我们如何面对问题。丰田之所以成为丰田，可以从大野耐一的智慧总结——"没有问题是最大的问题"中得到启示。除了书中内容以外，以上我亲眼所见的企业，也都是从每日所遭遇的问题中 PDSA，而持续地探索更上一层楼的路径。上班如上学，惟偏执于学习者得幸存！

新加坡国立大学商学院
黄幸亮

# 推荐序三

## ——从明师受教，少走弯路，直入胜境

TPS/LM 是这半世纪来热门的管理话题。有些公司执行得很顺利，但大部分公司都不那么顺利。深探其因，盖遇缘之不同。有些人收集资料，依照书本的经验理论，试着去理解它的意涵，并试着执行之；有些人往往非常努力，但绩效却有限；有些人正向思维，认为改善本来就是要一次比一次好，慢慢来，哪怕是事倍功半，也要坚持做下去，到今日也有了一些成就。但 80% 的公司，会对你说："TPS/LM 我们也执行过，但是也不怎么样，所以我们放弃了，还是用以前批量生产的好。"因此放弃了学习的机会。康某有幸，加入了北美第 1 家接受日本老师辅导 TPS 的集团 Danaher（丹纳赫）。虽然自己之前学习过一些 TPS 的基本工具，好像懂得什么是 TPS，知道每一科工具都有每一科工具的功能，但应用时，还是有相互矛盾的情况。例如标准作业把机器联合在一起，有很多优点，但应用时会增加机器总换模的时间；还会出现快速换模的优势消失等情况。经由中尾千寻先生（Nakao Chihiro）（日本新技术研究所社长，大野耐一先生最得意的学生之一）的谆谆教导，终于真正了解每科工具的"义"，更通达 TPS 各科工具融会贯通的"理"。若没有老师的引导，只依靠自己的思维看书，正是"虽智亦不能解"之困相；跟随一位完全明白通达 TPS/LM 的先生，让我的学习事半功倍，可见先生是何等重要。

本书介绍了作者特蕾西·理查森（Tracey Richardson）从一位对生产作业完全不懂的乡村孩子，到在丰田公司从受聘、作业员、小组长，到主管，包含现在的咨询服务，这中间受老师的培养及转变的心路历程。每一次与老师对话的内容，都让我又回到了二十几年前，跟随日本老师学习的场景，先生的态度、所用的言辞是那么"一致"。其手段不是在给你答案，而是教我们如何思考、解决问题。例如不对的姿势与动作能够保持一整天吗？而且往后要天天如此地做下去吗？您是一个促进改变的人，您要如何面对抵制改变的人？日本老师说的"No Good"不是真的 No Good，而是在告诉我们改善的心态，好，但还要更好。日本老师告诉我：中尾先生没有骂你，而告诉你还可以更好，就等同于赞赏你了，因为中尾先生所做的改善，从来没有得过他的老师大野先生的任何一次赞赏。他要告诉你的是改善无止境，要谦虚，绝对不可自傲。每一位先生对我们，如同该书

所叙述的都是倾囊相授，都希望学生了解每一个过程的深意，能够代代相传，并且青出于蓝胜于蓝。我作为一个接受过 TPS/LM 培训的高阶主管、咨询培训师，必须将先生的精神实践传承下去。

培育人才言行一致的文化养成，以人为本的管理，未造汽车先造人，从事件中学到了什么，现场观察确定目标都在本书中有所体现。该书没有描述各类 TPS/LM 工具的操作原理、原则，而是告诉我们要学会观察，要能够看到问题。第 10 章：大野耐一所说的话："没有问题是最大的问题。"看不到问题是因为没有标准可言，无法分辨。第 4 章：大野耐一教导我们要耐心观察，没有标准就无法改善。改善立足于上次的标准或执行上显示出了困难点。A3 报告（第 6、12 章）的师徒对话，找出真因、解决问题。从日常管理经由 KPI（第 6 章）的可视化管理，通过明确问题、分解问题，最后得到解决方案，并创造改善的机会。公司高管及咨询培训师最重要的工作就是利用出现的问题，将经验传承，这是育才的好时机，方法就是多问"为什么"（第 7 章），帮忙触发学员多方位的思维，让学员自己找出根本原因，而不是直接给他们答案。

该书"行为示范、在明明德＝丰田亲民方程式"是推广 TPS/LM 的先生和执行 TPS/LM 的公司高管心之所念，相信当您读到相关内容，会拍案叫绝。当您心有同感时，恭喜您，您已经是 TPS/LM 道上的人。既入道则须弘道，让我们一起来弘传 TPS/LM，消除浪费，为我们的"大地母亲——地球"做出贡献；为企业提升利润，使之能够永续经营；让所有人都可以得到物廉价美的产品和最佳的服务。希望有志在此 TPS/LM 道上的朋友们，人人拥有此精益的工作手册并常常回顾之。

康国泰
**Danaher DBSO 亚洲区前副总裁**

# 推荐序四

## ——难窥究竟的丰田内家功夫

很少有公司像丰田一样，在科技、新创公司引领风骚的时代，仍能以传统产业之姿，带领相关的公司挑战未来。也很少有公司能像丰田一样，一直被学者研究，媒体报道，相关书籍一直推陈出新。显然大家对丰田仍充满好奇，但无法一窥全貌。

现代企业分工精细且组织严密，很少有人能完全掌握，但以丰田为例，在不同的专业之下，却有着纯粹、源远流长的丰田模式。若想学习丰田，应从看不见，但却影响深远的丰田文化着手，这将是一条捷径。

该书作者从一张白纸的19岁开始接受丰田的培育，但与日本相异的美国文化仍造成了她学习的障碍。培训师一句"有一天，你将成为班长，你将不得不面对像你现在一样抵制改变的人。"成为她永远忘不掉的一课。

作者根据其在丰田与其后对各公司教学的经验写成本书，以丰田亲民方程式（GTS6+E3＝DNA）为基础展开全文，这个方程式代表我们必须做什么才能在整个组织中逐渐渗透丰田DNA的思维模式。第一部分以自身的体验，讲述丰田如何在肯塔基州乔治城建立自己独特的丰田文化。第二部分描述构成DNA方程式前半部分的六个解决问题的心态（GTS6）。GTS代表问题解决的每一个要素，以及在完成所有步骤的过程中需要持有的心态，这些心态会在不同阶段出现且重复出现。第三部分描述了构成DNA方程式后半部分的参与实践，代表每个人每天都参与，它表示领导者必须让每位员工参与GTS6，使方程式的结果DNA成为全体员工的行为方式和整个组织的生活方式。丰田通过培育员工，运用"每个人、每天、都参与（E3）"的方式来设定培育人才的标准。

若是同其他被研究透彻的丰田方法论一样，又何必再多一个标新立异的方程式呢？关键就在于来自丰田培训师（Trainer，从作业员出身，优秀的班长、组长）的方法背后，通用且影响所有人的文化传承方法，它是在20世纪80年代，在丰田国际化之初，被原汁原味地沿用到美国的丰田传统内家功夫，即使现在，在丰田集团内部也已经不多见了。本书内容对此有第一手的亲身经历，因而特别珍贵。

作者在丰田工作多年之后，以对外界介绍丰田方法为职业，又花了大约10

年时间反复试验归纳出了这个方程式,并通过数百名参与者的反馈对它进行了精炼,而内化所学的方法,终于在 2016 年写成此书。如同作者所写的,永远不要给任何人试图"推销、告诉、说服"什么事情,而是"吸引参与、赋能授权,并让他们能自主性地投入!","你能从这个过程中得到多少,取决于你愿意为此投入多少",而这投入意味着自我学习与让人愿意欢喜跟随。无论你是企业总裁、财务管理者、人力资源管理者及其他高层管理人员、工厂的厂长及其管理团队,丰田的培训师做了好榜样。这是一本绝无仅有的好书,我郑重向各位推荐。

齐二石

# 译者序

"大学之道，在明明德，在亲民，在止于至善"，其意思是大学的道理，在于彰显自身所具有的德行，然后推己及人，使周边的人都能自新，进而精益求精，做到最完善的地步。该书表达出了丰田管理中"以人为本"的哲理。西方人忽视"以人为本"，源自长久以来商业模式的影响。中国引进精益如此长一段时间以来，大多数企业也是囫囵吞枣，有其形而无其神。这本书以丰田肯塔基汽车制造公司（TMMK）作为丰田公司在北美第一家全资子公司的启动时期为契机，实况记录了两位美国人特蕾西和埃尼如何在日本丰田培训师的教导下学习、领导和培育部下的全过程，讲述了丰田领导者如何高标准培养自己的员工队伍，并通过创造解决问题的文化进行持续改善，实现卓越绩效，而且丰田为此投入了惊人的资源。我们在翻译的过程中将之与儒家思想挂钩，为华人精益实践者提供一个新视野。

如果说30年前《改变世界的机器》的出版还只是一篇研究论著的话，历史的车轮滚滚前进，事实进一步证明精益管理是丰田制胜的法宝，精益同样也能引领其他企业（包括非制造型企业）走向成功。但是，很多热衷于模仿丰田的企业，尤其是在创造诸如丰田独特的工作文化时，容易陷入"工具优先"的方法论中，而这本书不是讲具体的方法和工具，而是帮助我们理解这些方法背后的思想，理解"为什么"的问题。本书以一个简洁的丰田DNA方程式将丰田员工识别和纠正问题所需的六项能力和领导者在激励和服务员工方面的作用（每个人（everybody）每天（everyday）参与（engaged））清晰地呈现出来，但该方程式提供的不是可速成的答案，而是重新捕捉关于精益方法背后的精益思想。

我在书籍翻译和整理的整个过程中，脑海中时刻都会出现康国泰老师给我们讲课，卢英总经理、杨建冬老师、王永刚老师、邹国华老师、王亚平老师、裴清钢老师、杨波老师、金艳老师、李文老师、丁伟老师、王刚老师、陈颖老师等人在现场教导我的情景，想起曾在美的集团挂职实地参加五十多个改善周的日日夜夜、点点滴滴，与书中所述情景特别能产生共鸣，唯有亲身经历才能更深体会精益方法背后的思想，更好地理解精益的真谛。

期待读者们可从书中找到自己的亮点，在自己的职场试行，累积自己的精益、惊异旅程。

译　者

# 前言

1987年，我签约成为丰田肯塔基汽车制造公司（TMMK）的第292名员工——这是丰田⊖在北美的第一家全资子公司，至此开启了我学习丰田独特管理方式之旅。

当时乔治城工厂仍在建设之中，离汽车投产还有一年多的时间，因此我最早的经验源于参与了丰田的全面准备工作。

对于丰田而言，在北美建立生产基地是巨大的飞跃，公司领导者决心把事情做好。因此，他们派出最优秀的人才来支援这个项目，这些人回到日本后继续晋升。这个才华横溢的团队就像一支精挑细选出来担负着重大使命的全明星团队，在离开日本之前，他们已经花了近一年时间为工厂的启动做准备。

在加入丰田之前，我从事质量管理工作已有10年，并升任一家汽车零部件供应商品管部门经理，掌管北美地区三个工厂的业务。当我获得丰田的这份工作时，丰田的上司有不同的想法——他们希望我回到专业技术（工程师）岗位，这样才能真正从公司的底层开始一直向上学到整个公司的业务。对我而言，在职业生涯的年轻时期，像这样往后退两步似乎是在吞下一颗难以下咽的药丸，但这却是我做过最好的决定。

丰田采取这种做法是有充分理由的。我很快就发现公司期望我们在人才培养上花费大量的时间，因此我们对员工要做的工作必须有深入的了解，这点对我们至关重要。丰田公司的雇用策略是确保有制造经验和没有制造经验的员工达到适当的组合比例。但是，根据构成丰田独特经营方式的原则和价值观，所有员工都要遵循一条共同的人才培养路径。

我们与日本领导者在探索和试验的氛围中一起度过了一段漫长的日子，未来要使用的许多方法就像工厂正在建设中一样。通常培训材料和教材都是打印或手写的，并且仅提供基本概述——老师带领我们在真正的生产现场学习那些概念时才是真正的学习。

然而，概念和方法只是学习的一部分，此外，也特别强调要确保我们完全理解文化基础，这对所学习的方法至关重要。这种情况贯穿了我在丰田的整个职业生涯，并且经常出差到日本见证这些概念的实际运作。丰田对此类参访的说法是

---

⊖ 也称丰田汽车。——译者注

"去现场",也就是说,通过自己的眼睛去源头了解事实。很多时候,我们必须理解这些概念,然后对其进行调整,以使其在北美成功地运作。

丰田文化有很多元素,而且它们在当时已有悠久的历史。例如,丰田在1949 年面临资金危机,导致对其借贷能力的严格限制。丰田领导者们得出的结论是,公司成长的唯一途径是通过他们的员工。因此,他们在尊重团队成员的基础上加倍努力,并确保公司通过长期的成功能够提供可持续的就业机会。这带来了一系列最佳实践,后来被称为丰田生产方式,在精益环境中,在确保质量的同时减少浪费。随后提出了丰田模式 2001(Toyota Way 2001),以确保每个员工都理解丰田独特的经营方式。

随之而来的是坚定的信念,那就是丰田永远不会放松警惕。大多数公司在进展顺利时,管理层及其员工会说:"好吧,我们赚了很多钱。我们可以放松了。"然而,在丰田,这个时刻人们却会认真地自问:"接着我们还能做些什么来改善质量,提高效率或降低成本呢?"

从一开始就将这种思想嵌入公司的文化中至关重要,因为解决问题和进行改善的责任不仅仅在于制程工程师或进行时间研究的工业工程专业人员。在丰田,每个人都必须成为他那一层级的问题解决专家。团队成员(班员)解决适合团队成员解决的问题,团队领导者(班长)解决团队领导者的问题,而这样的模式一直向上延伸到主管(组长)、工程师或高级管理者层级,各层级解决适合各自层级的问题,结果就是形成一个遍布整个组织的持续改善活动链。

为了维持这一点,必须适当定义和简化问题,使得所有员工都能参与解决问题。例如,当会计人员谈到每辆车的成本时,倾向于使用广义的成本类别,例如消耗品、原材料、废料或能源。但是,对于现场的团队成员或团队领导者来说,很难理解并支持这种改善,然而,我们却希望每位员工都能致力于降低成本。

团队成员可以处理与他们有关的成本,包括每天使用的手套之类的物品。如果是在车辆内部工作,不要在内饰表面沾上油渍手印或指纹是非常重要的,因此必须戴手套,而手套是有成本的,并且该成本是车辆成本的一部分。

手套为每辆车增加的成本取决于更换手套之前我们可以制造多少辆车。现在假设是 100 辆车,如果团队成员能够找到一种方法将其增加到 125 辆车,就可以通过延长手套的使用寿命而降低成本,这些方法也许是不触摸由悬架带进来的肮脏、油腻的零件,或者通过作业分离,让内部操作员只做不会弄脏手套的工作。也许一辆车只是降低了 25 美分的成本,但在一个装配厂,可能有 300 人在生产线工作,每年生产 20 万辆汽车,这一成本加起来就相当大。这只是一个简单的例子,说明组织中的每个人都可以参与其中。

在丰田文化中,上至首席执行官,下至每一位员工,都习惯于这种思维,并理解他的角色要如何支持整个组织。作为领导者,我们的工作是让所有员工参与到这种思维方式之中。

尊重员工是这一思想的核心，其中包括对人类都会犯错误的理解。我在加入公司的早期就理解了这一点的重要性，例如，当时我试图处理一个质量问题，却做出了错误的判断。这可以被理解为学习经验的一部分，丰田鼓励我们抓住这些机会来反思未来如何改善。但是，这一次我必须向我们的总裁张富士夫报告我的反思，当时我几乎可以确定我会被开除或至少受到训斥。

根据丰田模式，我使用了丰田的A3格式（你将在本书中学习其细节）做报告，该报告在一张11in×17in（297mm×420mm）的纸上总结了解决问题的步骤。我花了三天时间准备报告，当我到达张先生的办公室时，我紧张得双手几乎湿透了。

我坐在张先生面前解释说："这是发生的事情，这是我所做的，这是差距，这是我遇到的问题，这是我下次打算做的事情。"他耐心地听着，将报告对折，坐了回去，十指交叉，然后说："那么，你从这次事件中真正学到了什么？"

就是这样。显然，我从这次事件中学到了很多东西，但是张先生对我的尊重对我产生了深远的影响。

多年之后，得克萨斯州圣安东尼奥市新工厂正处于启动阶段，我担任高级副总裁。当时涂装工厂的准备工作即将完成，正在对涂料系统的大型金属槽中的化学药品和电镀（ED）涂料进行初始填充。就在我们准备开始进行该步骤时，我接到一个对讲机传来的信息（对讲机是建厂以来的联络方式）。

呼叫者说："唐，你必须过来看看这个制程。"

我问道："怎么回事？"

他说："你绝不会相信你所看到的。"

我立刻跑到那个制程，大概有10个人围着团队领导者。我抬头一看，你可以想象，它就像一个三层楼高的浴缸，绿色的油漆正从顶部溢出来，滴落得到处都是，覆盖了整个设备。

当我走近团队领导者时，所有其他员工都散了，而这个团队领导者则站在那里，他的涂装工作服和安全帽上到处都是绿色油漆。

现在，我的第一反应是考虑这个事件将带来的巨大成本和影响。但是，突然之间，我回想起了几年前与张先生的那次见面。

因此，我走到了团队领导者那里，然后说："发生了什么事？"

他说："是这样的，我拜托涂料供应商帮我关闭填充阀，但他忘了关闭就回家了。"

我停了一会儿，然后问："你今天学到了什么？"

他分享了一些他学到的教训。例如，切勿将你的工作职责转移给其他人。

大约一个月之后，我在工厂里又见到了这个团队领导者。我问他工作进展如何,他说一切都很好。我注意到他仍然戴着沾满绿色油漆的安全帽,我问他为什么?

他说:"因为你对待我的方式,你尊重我。"当然,他非常清楚,在许多组织中,这种错误会使他失去工作。但在丰田,我能够说:"不,这是培养你的过程的一部分。"当人们被问起谁该负责油漆泄漏的事件时,我能够说:"那不是真正重要的,重要的是我们从这些经验中学到了什么,以及我们将如何用它来防止未来发生类似事件。"

像这样的故事在 TMMK 很普遍,它揭示了一种与大多数人在所处的工作环境中习惯的截然不同的思维方式。我们中的每一个人,从团队成员到高级管理人员,都接受过以不同的方式思考和行动的培训,这贯穿于我们所有的工作中。

因此,在描述丰田尊重员工的做法时,要使各个层级的员工都理解"文化是基于共同的信念和共同的方向"是至关重要的,而这取决于管理层如何让整个组织以持续改善的心态,明确地聚焦公司目标。

我的前丰田同事和肯塔基州老乡特蕾西(Tracey)和埃尼·理查森(Ernie Richardson)是敬业的老师,他们对此深有体会。我曾有机会与他们两个人一起共事,他们经历过丰田能力的发展过程,并成为各自领域专家的典范。如今,他们使用自己的知识和智慧对其他组织的各个层级在持续改善、领导力发展以及问题解决的本质等方面提供支持。

特蕾西和埃尼开发了一个简单的主题,任何企业都可以使用它来推动改善,并且该主题构成了本书的基础。通过这种视角和对丰田经验的大量叙述,他们揭示了持续改善心态的本质,这种思维对于丰田的成功至关重要。他们的方法既实用又深具个性。当你阅读接下来的内容时,请做好准备接受有趣、有启发性的永远改变。

我要与特蕾西和埃尼一起感谢 TMMK 所有的培训师、协调员和管理者,他们为提供新的制造业工作岗位付出努力,以及慷慨地与我们分享无价的智慧。我还想纪念我的前任协调员 Kieta Takenami,他在底特律一次不幸的飞机失事中丧生。当时我在机场等他,但他一直没有出现。幸运的是,他的遗产以及丰田许多出色老师的教导,在成千上万的人中得以传承,将这些独特的原则和价值观带入了他们的日常工作、生活和社区之中。

唐·杰克逊

杰克逊管理集团有限责任公司

丰田汽车制造公司前高级副总裁,大众汽车北美公司前制造总裁

# 致谢

这本书是我们数十年来践行丰田思维方式的结晶。我们都非常感谢丰田多年来为我们提供的宝贵机会和经历。

首先，我想衷心感谢我的丈夫埃尼，是他帮助我实现了出版图书的梦想。我期待着我们继续一起辅导和学习的旅程，并与那些我们有幸一起工作的人分享我们的智慧。

埃尼和我想与大家分享一下，我们非常幸运地在 TMMK 初创时在张富士夫（Fujio Cho）先生的领导下工作，当时他担任 TMMK 总裁。谢谢您张先生，感谢您每天为我们树立去现场观察、询问为什么、尊重他人的榜样。这些年来，您的思想一直是我们的指路明灯，我们将继续把这种分享的智慧传承给下一代。

在 TMMK 工作期间，我们受到了许多培训师、协调员、执行协调员、高管和总裁的影响，在这里无法一一列举。我们要特别感谢 Don Jackson、Pete Gritton、Russ Scaffede、Mike Hoseus、Dewey Crawford 和 David Meier，他们都为本书的面世付出了很多，还要感谢 Noboru Hidaka、Shigeru Goda、Shoichi Ikoma、Shigeo Takahashi、Osamu Ito、Gary Convis 和 Wil James，感谢他们的领导和对我们思想的影响。我们还想纪念 Nobukazu Fujii 和 Dave Downs，他们是出色的导师和支持者。

我要感谢 Mike Hampton 和 Evelyn Mitchell White，感谢他们在我们早期受雇于 TMMK 塑料部时给予的友谊和支持。埃尼要感谢他的动力系统同事 Ken Anderson、Catesby Prewitt 和 Tim Spence 多年来的支持。

特别感谢 Jacob Stoller 与我们合作，在写作本书的整个过程中收集并记录了我们的想法，并感谢 Jon Miller 帮助我们实现了写作本书的愿景。

我们要感谢我们的编辑 Donya Dickerson——McGraw-Hill 教育公司的编辑主管，感谢她的热情和支持，以及前 McGraw-Hill 教育公司的 Knox Huston，他首先阅读了我们的可行性报告，并给了我们在全世界分享我们的故事的机会。

我们有机会在我们的培训课程中领导并与许多优秀的人一起学习，要特别感谢以下为本书付出的人：Peter Ward、Al Mason、Scott Powell、Brian Kettler、Kelly Moore、Frank Wagener、Vicente Ramirez、Deanna Hall、Alan Kandel、Paul Trahan、Bret Kindler、Tanya Doyle 和 Fran Vescio。

特别感谢精益企业研究院主席兼首席执行官 John Shook 在书中贡献了您的智

慧，感谢我们多年来在精益企业研究院从您和您的团队那里学到的一切。

我想感谢我的父母，因为他们总能看到我的潜力。多年来，你们在肯塔基大学和 IBM 的职业精神和长期职业生涯中树立了很好的榜样。你们两位总是付出 110% 的努力来帮助我成为今天的我。我还要特别感谢我的祖父母，他们一直支持我的理想和梦想，尤其是我已故的外祖父，他在通用电气公司当了 42 年的工长。他读了我在 2007 年整理的早期章节，说："这真的会很特别！"最后，我要特别感谢我的妹妹 Ashley，她一直是我生命中最好的朋友和支持者。

# 引 言

我们写这本书的目的是分享一个在历史上非常特殊的事件——丰田肯塔基汽车制造公司（TMMK）作为丰田在北美第一家全资工厂的启动，我们身为丰田员工在这个过程中所学到的东西。

对于丰田而言，这是一道分水岭，正是从那时开始，丰田汽车在这个全球最大、竞争最激烈的市场中建立了立足点。为了确保成功，丰田的领导者们甚至超越他们自己的高标准来培养人才队伍。

众所周知，丰田还曾与通用汽车公司建立了一家名为新联合汽车制造公司（NUMMI）的合资企业。在该项目中，丰田汽车将其生产方法引入位于加利福尼亚州弗里蒙特市的一个陷入困境的通用汽车工厂，来帮助扭转它的运营状况。改组后工厂启动生产比 TMMK 1988 年第一批下线的汽车还要早一年，该工厂最终成为美国效率最高的通用汽车工厂之一。

TMMK 非常与众不同。丰田摆脱既有组织和基础设施的沿用，着手建造和装备这个新工厂，建立自己的供应链和销售网络，最重要的是培养自己的员工队伍。丰田的目标不仅是确保新员工能够制造汽车，我们还被视为公司发展北美组织可以依赖的未来领导者。我们后来得知，肯塔基州是以"世界马都"而享盛名，之所以被选为工厂所在地的部分原因是员工队伍对于制造几乎没有先入为主的观念。从这个角度来看，丰田做出了最好的选择！

因此，我们接受的培训的范围和分量已远远超出了一个公司培训的正常范围——我们的课堂时间相当于一个全日制大学课程，并且对课程内容要求很高。

但更重要的是，丰田为该项目投入了惊人的资源。在开始生产前的几个月中，该公司从日本引进了数百名轮岗培训师，其中一些人曾直接受教于大野耐一（Taiichi Ohno）及其同事。我们的培训师在日本广受尊敬，他们有时间和自由度（通常一对一）无私地分享自己的智慧。

他们的做法之所以突出，是因为他们不只是讲授方法，同时他们也想确保我们理解"为什么"。因此，当我们按照一套规定的步骤进行工作时，他们经常会问："您认为如何？"随着时间的推移，我们发现，帮助我们理解这些方法背后的思想是这家北美工厂灌输独特的丰田文化的最重要的方面。

因此，我们的培训类似于学徒从大师那里学习技艺时得到的东西。其重点是弟子边做边学，大师行为示范。"教室"通常是工厂现场，我们的教科书（如果有的话）可能是打字或手写的讲义。一般来说，我们是通过口语和视觉示范来学习，有时需要翻译的帮助。正如您将在书中的许多故事中看到的那样，我们的培训师更愿意通过提问和挑战我们去寻找自己的答案来教学，即使他们觉得我们一开始可能弄错了方向。

但是，这样的过程不仅仅是他们在训练我们，丰田领导人也敏锐地在学习和了解美国文化，他们很欣赏美国的许多方面。实际上，事实证明，我们的领导人在肯塔基州吸取了许多教训，影响了日本丰田汽车的做法。在最初几年领导TMMK的张富士夫先生，回到日本后于1999年至2005年担任丰田公司的总经理。

## 0.1 它并没有响亮的名字

作为丰田的资深员工，我们经常被要求说明精益词汇的真实含义。事实是，丰田没有使用那些特殊词汇。实际上，当我们在1988年开始时，精益一词才刚被创造出来，而如今我们所熟悉的精益工具当时则仍在发展中。

因此，在描述我们的方法时，我们没有称呼它是什么。我们只认为这就是我们的日常工作（J-O-B）。直到2001年丰田出版了《丰田模式》（*Toyota Way*）时，那些文字、称呼等才浮出水面，然后一发而不可收。丰田是一个不断发展的全球化组织，记载公司的价值观、原则和方法是必要的步骤。但重要的是要记住，称呼具有其局限性，尤其是在创造诸如丰田独特的工作文化时，其中的危险容易让人落入"工具优先"的方法论中，这常见于寻求模仿丰田的组织中。

从我们的角度来看，我们不确定任何名称——尤其是新入者从这些名称中获得的东西——是否能与我们从经验中学到的东西相吻合。这就是为什么若将其称为工作（J-O-B）以外的任何其他名称都会对试图实施这种思维过程的公司产生阻碍。而这也是我们想要在本书中分享我们的经验的一个重要原因。

为了传达丰田理念的真实精神，我们竭尽全力通过日本培训师耳提面命的声音来描述学习这些课程的感受。重要的不只是他们所说的，还有他们是怎么说的，以及为什么那么说。尽管他们当时正在学习英语，英语并不流畅，但语言背后的含义却是强大而难忘的。时至今日我们仍然使用着他们的一些隐喻。

在本书中，我们还收录了一些我们导师的评论和故事，这些导师在TMMK成立之初就与我们一起工作，并在我们继续创建Teaching Lean Inc.公司之后仍是好朋友。他们的见解，包含在整本书的文字中，为改变我们生活的共同经历提供了更多观点。同样，我们的许多客户以类似的方式，就他们如何运用我们有幸传授给他们的知识提供了评论。

## 0.2 领导与学习

如果你简单地看待丰田生产方式（TPS），那就是使作业员和管理者对问题和改善机会可以一目了然，并尽可能地现时现地地解决它们。因此，它具有极大的透明度，并且我们都被教会了在日常生产中，当问题一出现就解决问题的具体思路。

按照这种理念，我们很快发现我们没有传统意义上的老板。相反，丰田采用了仆人式领导者的方法，即领导者在学习环境中培育和支持他们的员工。因此，我们对领导负责，他们经常访问我们的现场，但不是来批评或下指令，而是为了来教导我们。尽管我们的各级领导，一直到总裁张富士夫都一致认为领导者要加倍努力，以保持领先于我们的步伐，但他们并不会因为承认他们没有所有的答案而感到羞耻，并且，有时我们会一起学习。那时的我们就像海绵一样，从迅速发展的工作环境的各个方面吸收各种知识。

在 TMMK，经常重复的一句话是"领导和学习"。我们认为人们应该持续地学习和改善他们的思考方式，但同时也要帮助他人成长。这种管理方式相对地缺乏命令和控制的结构，对习惯于传统的自上而下管理的学生来说，听起来很矛盾。如果作业员没有被告知该怎么做，我们如何确保他们会尽最大的努力？我们如何确保他们将朝着与公司目标一致的结果努力呢？

简而言之，就是在丰田的工作文化中，员工不仅要自我管理，而且还要在自主团队中工作，以帮助公司朝着目标和客户利益迈进。创造这种文化是丰田理念的主要重点，也是"造物先育人"这句话背后的力量。

我们认为，这种文化有两个支柱：遵循持续解决问题和自我完善之道的纪律，以及对工作标准、团队成员、公司目标和客户体验的问责。但是，我们没有将它们视为两个单独的元素。它们是以某种方式相互交织在一起，成为贯穿我们日常工作中的单一实体。对于我们来说，它们代表了一种氛围，那种丰田文化的感觉。

因此，我们喜欢将纪律和问责作为一个整体来谈论，我们将它称为"DNA 概念"，它源于"D′n′A（Discipline and Accountability，纪律和问责）"。在我们多年的培训中，DNA 已成为我们的成就或机会。每一年，我们都更加努力地帮助公司掌握和获得 DNA，我们认为这是丰田取得非凡成就的关键，这也是本书的目标。

TMMK 的领导者们通过两种方式将这种心态带入了职场：

1）他们确保每个作业员都同时学会并内化了发现和解决问题，以及改善机会的技能和思维。

2）他们确保整个组织的每个员工都参与了。

为了反映这一点，我们围绕一个简单的学习方程式组织了我们的培训计划，该方程式旨在帮助学员记住并内化我们实践多年才能吸收的基本要素。

$$GTS6 + E3 = DNA$$

GTS6 代表每个作业员识别和纠正问题所需的六项能力，而 E3 则是每个人（everybody）每天（everyday）参与（engaged）的缩写，代表领导者在激励和服务员工方面的角色，其结果就是 DNA。我们将在第二部分中详细介绍该方程式。

该方程式不应导致人们相信我们正在提出的是可速成的答案。相反，本书是关于重拾工具背后的思想的，是当人们追求精益流程时常常会错失的部分。这就是为什么对于我们而言，试图复制我们培训师的声音，并试图让您（读者）处于我们初次学习这些课程时相同的心境是如此重要的原因。

## 0.3 如何使用这本书

在我们作为培训师和顾问的工作中，发现学员有各种各样的需求。有些人是第一次发现丰田的方法，有些人已经掌握了精益工具，希望进一步了解其背后的文化。在许多情况下，我们的参与者都是领导者，他们希望在他们的组织中重塑丰田方式背后的思想。

本书是在考虑所有学员的情况下编写的。我们认为，从丰田培训师那里得到的教训是永远不会过时而且能够广泛适用的。这不是一套生产技巧，也不是战略管理计划，它是一套适用于组织各个层级，以及组织各个阶段横向和垂直发展的理念。即使在像丰田这样的大型组织中，也存在一个丰田模式。

因此，这不是"精益工具指南"。相反，它是一些理念的指南，这些理念超越了任何与工具相关的考虑。丰田培训师不会过多地讨论工具，在本书中我们也很少会提及它们。

我们将本书分为三个部分。第一部分通过我们的个人故事，讲述丰田如何在肯塔基州乔治城建立自己独特的工作文化。第二部分描述构成 DNA 方程式前半部分的六个解决问题的心态。第三部分描述了构成 DNA 方程式后半部的参与实践。

在开始时，我们将要求您作为读者，思考如何将这些课程应用于您的工作和组织中。请以开放的态度反思性地阅读这本书。首先，有些想法需要先习惯，而所有这些想法都需要花费大量的心智才能掌握。请记住，本书是我们在丰田工作多年，再加上另外八年反思如何传递这种知识的成果。

做好这些心理准备后，就让我们开始吧！

# 目 录

推荐序一
推荐序二
推荐序三
推荐序四
译者序
前言
致谢
引言

## 第一部分　在肯塔基州乔治城的领导与学习

### 第1章　那一通电话 ⋯⋯ 2
1.1　第一回合 ⋯⋯ 3
1.2　更接近丰田 ⋯⋯ 5
1.3　第一天 ⋯⋯ 5
1.4　面谈 ⋯⋯ 7
1.5　事后来看——他们在寻找什么？ ⋯⋯ 9

### 第2章　早期在丰田的日子 ⋯⋯ 11
2.1　我的学习之旅进入高速挡 ⋯⋯ 12
2.2　艰难的学习 ⋯⋯ 15
2.3　行为示范丰田的价值 ⋯⋯ 17
2.4　要进行改善，你必须要有标准 ⋯⋯ 19
2.5　超越合规 ⋯⋯ 21
2.6　异常处理 ⋯⋯ 22
2.7　改善的基础事项 ⋯⋯ 24
2.8　改变流程 ⋯⋯ 25
2.9　将员工聚在一起解决问题 ⋯⋯ 26

### 第3章　成为一位领导者 ⋯⋯ 28
3.1　永远别陷入舒适区 ⋯⋯ 29
3.2　一边领导一边学习 ⋯⋯ 32
3.3　丰田与超越 ⋯⋯ 36

## 第二部分 一个思维系统的要素

### 第4章 纪律与责任：持续改善思维的关键 ········ 42
- 4.1 持续改善是新的常态 ········ 43
- 4.2 创造更好的价值 ········ 44
- 4.3 每一秒的价值 ········ 45
- 4.4 标准的意义 ········ 47
- 4.5 超速8英里可被接受，但超速9英里就违规了 ········ 48
- 4.6 促进改变的标准 ········ 49
- 4.7 亲民方程式 ········ 52

### 第5章 到现场观察 ········ 55
- 5.1 早期的学习 ········ 56
- 5.2 让观察更加容易 ········ 58
- 5.3 指路明灯 ········ 60
- 5.4 看得更深入 ········ 60
- 5.5 现场观察的最大障碍——自我的假设（成见）········ 62
- 5.6 可靠汽车制造公司的现场观察 ········ 63

### 第6章 掌握现状 ········ 64
- 6.1 用事实来改善，而非假设 ········ 66
- 6.2 克莱顿和他的真北联结 ········ 68
- 6.3 提问的艺术 ········ 70
- 6.4 分解问题 ········ 71
- 6.5 找寻问题的发生点 ········ 74
- 6.6 把注意力集中在优先处理的问题上 ········ 76
- 6.7 致力于行动 ········ 78
- 6.8 克莱顿达到了目标 ········ 80

### 第7章 解决方案 ········ 82
- 7.1 协助改变 ········ 84
- 7.2 筛选出空白 ········ 86
- 7.3 多个根本原因 ········ 87
- 7.4 在可靠汽车制造公司寻找根本原因 ········ 88
- 7.5 制定行动计划 ········ 89
- 7.6 头脑风暴最佳思路 ········ 90
- 7.7 缩小可能性的差距 ········ 91
- 7.8 获得支持的特效药 ········ 92
- 7.9 可靠汽车公司向解决方案接近 ········ 93
- 7.10 制定实施计划 ········ 94
- 7.11 实施团队挑大梁 ········ 95

7.12 最终——开始"执行"阶段 ………………………………… 96
7.13 应对失败 ……………………………………………………… 97

## 第 8 章 进行标准化 99
8.1 有纪律地改变 ………………………………………………… 100
8.2 展望未来 ……………………………………………………… 102
8.3 可靠汽车制造公司令人鼓舞的迹象 ………………………… 102
8.4 创造新标准作业 ……………………………………………… 104
8.5 与其他人分享标准作业 ……………………………………… 105

## 第 9 章 追求可持续发展 107
9.1 在 TMMK 的持续发展 ……………………………………… 108
9.2 可持续发展的真正意义 ……………………………………… 109
9.3 通往未来的机会 ……………………………………………… 109
9.4 最重要的领先指标 …………………………………………… 112
9.5 在可靠制造汽车公司持续发展收益 ………………………… 112

## 第 10 章 再度伸展 114
10.1 把改变当成文化的一部分 …………………………………… 115
10.2 快车道中的生活 ……………………………………………… 116
10.3 每天针对变化的沟通 ………………………………………… 119
10.4 可靠汽车制造公司渡过难关 ………………………………… 119

# 第三部分 每个人每天都参与

## 第 11 章 以人为本的管理 122
11.1 一种新的领导力 ……………………………………………… 124
11.2 从第一天开始就培育领导者 ………………………………… 125
11.3 继续的旅程 …………………………………………………… 128
11.4 帮助别人成功的责任 ………………………………………… 131
11.5 我的和我们的 ………………………………………………… 132

## 第 12 章 员工与目标的一致 134
12.1 言行一致 ……………………………………………………… 135
12.2 基于领先指标的战略 ………………………………………… 138
12.3 提高整个公司标准的门槛 …………………………………… 140
12.4 一个崭新的视角 ……………………………………………… 141
12.5 每一个人真的是意味着"每一个人" ……………………… 144
12.6 影响最大的因素 ……………………………………………… 144

## 第 13 章 反思 146
13.1 我们不做"寻常的培训" …………………………………… 148
13.2 与精益一起前进 ……………………………………………… 149
13.3 思考的力量 …………………………………………………… 150

XXV

# 第一部分

# 在肯塔基州乔治城的领导与学习

"在您说不能做某事之前,请先尝试一下。"

——丰田佐吉

# 那一通电话

　　1988年3月,我特蕾西(Tracey)19岁那年接到一通电话,它永远地改变了我的生活。来电者是丰田在肯塔基州新工厂的人力资源经理,给我提供了一个塑料仪表板成形部门生产团队成员的职位。我不会用它交换世界上的任何东西,这不仅是一份非常抢手的工作,也是一段探索之旅的开始,这段探索之旅将塑造我作为操作员、学员、管理者和培训师的整个职业生涯。

　　早在两年前我就有加入丰田的想法了,当时我父亲得知该公司正在附近的乔治城(Georgetown)建厂,建议我申请那里。他具有工厂背景,尤其是考虑到我们地区的经济挑战,知道这是个难得的机会。于是我去申请,也不知道结果会变成什么样。大约一年后我才收到丰田的回复。

　　当时,我刚从高中毕业,决定像其他一些朋友一样,于秋天进入附近的东肯塔基大学(EKU)继续学习。对我来说,高中是一个复杂的经历。我经常形容自己是行动知觉学员和视觉学员之间的混合体,这意味着我动手能力强并擅长于从视觉信息中学习。另一方面,对我来说,记忆书本和课堂中的知识并非我的专长,所以对于强调此类学习的课程,我开发了一种以自己的行动知觉/视觉方式学习的适应策略,但我从未以"传统"的方式学习,这使我顺利通过了学校的学习。

　　但是在EKU,我面临着截然不同的学习环境。大多数一年级课程都是以讲授为主,因为我没有传统的学习技能,所以我处于不利的学习环境。更糟糕的是,教授不像高中老师那样具有亲和力和包容性,而且我是第一次离家住在外面,远离了父母要求的纪律规范。因此,我在EKU的第一年是艰难的一年。

　　然后,当我报名参加第二年秋季学期时,接到了丰田评估流程代表的电话。致电者想知道我是否有兴趣参加在列克星敦(Lexington)的第一轮测试,这是潜在新员工甄选过程的开始。我立即说:"是的。告诉我应该去哪里,什么时候去,我会很高兴去那里!"

　　对我来说,这是一个激动人心的时刻,我想大声欢呼,并尽可能多地打电话给我能想到的所有人来分享这个消息。它为我提供了一个机会——争取一个令人垂涎的职业机会,这通电话来得正是时候!

但是,我也为放弃大学而踌躇。我仍然希望可以留下来证明自己能在艰难的开端之后取得成功。但我也相信我们必须自己去寻找自己的前途,而丰田似乎在大声呼唤我的名字。

幸运的是,我的父母非常支持我。他们指出大学并不是我唯一的出路,即使我真的被丰田聘用,大学仍然是一个选择。他们俩都没有大学毕业但依然拥有成功的事业,我的父亲在 IBM 工作了一辈子,而母亲则升任肯塔基大学的学生宿舍主管。对他们而言,成功的关键是父母灌输给他们的强烈的职业道德,强调纪律、决心和积累经验。我感到很幸运,因为在我成长的岁月里,得到了父母和祖父母提供的指导和支持。

2001 年,当我在丰田喜一郎(Kiichiro Toyoda)的《丰田模式》(*The Toyota Way*)一书中读到他对他父亲——丰田汽车创始人丰田佐吉(Sakichi Toyoda)的评论:"我的父亲没有受过教育。他唯一的力量就是始终相信一件事,即……(人、包括佐吉自己)具有潜能。自动织布机就是这种信念的产物"时,我想起了我们家庭的工作基因。我非常幸运地找到了这家公司,它真正重视了我从家人那里继承下来的传统。

### 自然的选择

约翰·舒克(John Shook)

精益企业研究院主席兼 CEO

20 世纪 80 年代,丰田汽车是许多在北美开设工厂的日本制造商之一。在日本国内,丰田汽车因其步调缓慢、官僚以及浓厚的文化而闻名。它也被称为"在那里"的公司,那是名古屋郊外的偏远郊区,那里的人们具有强烈的职业道德,与日产经营所在的时尚东京地区的工人相比,被认为相当淳朴。

因此,丰田汽车非常舒适地在农村地区建厂,同时也考虑了多个偏远地区。肯塔基州的乔治城位于 75 号洲际高速公路(I-75)南北向汽车供应链走廊上,因此选址这里非常合适。

## 1.1 第一回合

当我申请丰田的岗位时,我对大公司的招聘流程没有任何经验,更不用说像丰田这样的公司了。因此,当我第一次走进列克星敦市区的就业办公室时非常紧张,不知道会发生什么,同时也非常渴望成功,这样我就可以继续进行下一轮的测试。

签到后,我们被带到一间测验室,那里有几种用于测验手指敏捷性的装置。对我而言,这是一个很好的起点。我的手眼协调能力很好,在小学、初中和高中时,就曾经在学校篮球队中表现过。我还是一个精通保龄球的运动员——我曾在1984年代表肯塔基参加全国决赛,并在当年名列美国第九。因此,我很想参加这些体能测验,并且你可以想象,我具有很强的竞争渴望。

敏捷性测验围绕速度和质量进行。首先是将有色棋子在棋盘上移动并将其翻转过来,随后进行了许多其他测验。所有这些都是有时间限制的,尽管它们并不太难,但我发现随着速度的提高,需要持续的专注和集中注意力才能保持质量。随着我们的进展,任务对我来说变得自然而然,通过计算我的完成时间,我发现自己在小组中排名前10%。我记得当时这样想:"如果给我一个证明自己的机会,我一定能在这家公司取得成功。"

接下来,我们转到类似于教室的环境,进行"情境判断测验或盘点"(Situational Judgement Test or Inventory,SJI)。大多是多项选择题,并提出了一些假设性问题,例如:

● 假设你是生产线上的团队成员,发现汽车上有缺陷,而这不是你负责的部分。你会怎么做?

● 如果你发现一个团队成员在工作过程中没有戴手套,你会举报他们吗?

在测验结束时,工作人员要求我们填写生产团队成员职位的申请,并告诉我们,如果我们取得资格则将联系我们参加下一轮测验,这包括在附近的法兰克福进行两天各7小时的模拟工作演习。我离开那里后,对自己的表现感到非常满意,希望能收到他们的回音。

---

### 完全不同的思维方式

罗斯·斯卡菲德(Russ Scaffede)

TMMK[⊖]前副总裁兼动力总成经理

如果你在通用汽车工作,你可以去NUMMI工厂参观三天,该工厂是通用汽车和丰田汽车的合资企业。之前,我们自认为已经将丰田工具很好地内部化了,但是当我们看到NUMMI时,我们知道有些东西是完全不同的,虽然我们无法具体地指出来,但它与我们之前看到的完全不同。

---

[⊖] TMMK,Toyota Motor Manufacturing Kentucky,丰田肯塔基汽车制造公司。——译者注

## 1.2 更接近丰田

获得参加下一轮测验是在竞争激烈的过程中迈出的重要一步,因此那些电话是令人渴望的。所以当我接到邀请进入下一轮测验的电话时,我欣喜若狂。

后来,当我成为丰田公司的团队领导者之后我才知道,公司想聘用的人除了能够胜任严苛的生产任务,还必须能在思考和解决问题的环境中茁壮成长。

这些额外的素质特别重要,因为丰田不仅在寻找制造汽车的人,他们还需要可以帮助公司组建团队的人。目前在北美拥有超过 350000 名员工的这个组织中,我是第 1428 号员工(埃尼是 856 号)。

## 1.3 第一天

在下一轮测验的早晨,在开往肯塔基州法兰克福 30 英里的路上,我充满了紧张的期待。这轮测验会是什么样的?人们会用日语和我说话吗?当我到达签到区时,我发现其他应聘者和我一样紧张和困惑。

第一天是关于团队中的领导力、沟通和解决问题。第一个练习,把我分配到 12 个人的小组中,每个人都有不同的性格——我很确定这是故意的。评估员为我们提供了通常在车辆上可看到的 10 种配备选项的清单,我们的任务是按优先级对它们进行排序。

团队成员间的互动在这里很棘手。在我看来,评估员正在寻找领导才能,以及我们与一个可能偏爱霸道或沉默寡言的人打交道的能力。我感觉自己想表现为领导者之一,同时又想成为倾听并提供意见的领导者。我知道如果我只是坐在那里并且太安静,这将对我很不利,所以我在必要的情况下,刻意表现出外向的性格。

其中一些项目很简单:大家很快就同意前照灯清洗器不是优先事项。但是,当涉及 CD 播放器时(是的,那是 20 世纪 80 年代),我们进入了个人偏好的灰色地带,因此存在一些分歧。

我记得我在这个活动中感到非常不安,既希望事情不会在成员间失控,又希望大家可以作为一个团队在一起工作。有一些人很难与人交谈,固执己见。我经常想知道,这些难相处的人是不是为了给每个小组的谈话"增添趣味",我想我们可能永远不会知道。

不过,我确信,赢得讨论并不是赢得丰田汽车职位的方法。意识到这一点,

---

⊖ 1 英里 = 1609.344 米。——译者注

我尽力保持中立,并对完成任务保持比较进取的态度。我想展示我可以与他人一起工作而不是过度的挑剔,并且还要表现出我有能力对团队产生影响。

> ### 选出合适的人
>
> 皮特·格里顿(Pete Gritton)
>
> 丰田北美工程与制造公司前人力资源副总经理
>
> 在雇用合适的人时,实际上与文化有关,尽管当时我们不使用这样的说法。我们讨论了公司若要成功,必须让我们的员工做出哪些贡献。他们不一定必须具有高中文凭,但他们需要基本的阅读、写作和数学技能,他们需要有逻辑和批判性思考的能力,并且在进入我们的工厂之后,能够思考如何做自己的工作,以及如何做得更好。
>
> 另一个重要基石是在一个公开分享想法的团队环境中生存的能力,这是一种开放的心态,能够尊重地参与建设性的对话,讨论如何把事情做得更好。这里有一些微妙的变化。我们不需要"我是大人物,由我来处理"这样的人,但我们也不想要那些只是让其他人说话而不参与,畏缩不前的"花瓶"。

测验的第二天是在模拟的生产环境中进行。我们的第一个"产品"是T形的水管组件,在将它们放入成品区之前,必须满足几个质量标准。这真的是我从事生产工作的第一次经验。

我们每隔15分钟与一名评估员一起工作,他在我们按照规格制造水管组件时观察我们的工作。评估员测试了我们的速度和保持一致质量的能力。然而,我很快明白,他们寻找的不仅仅是结果,更想知道我们如何实现它们,我们是否遵循了良好的流程来获得始终如一的结果,还是我们只是靠运气。

另一个转折是工作环境中故意设置了许多低效率的做法。评估员不仅在寻找我们遵循标准作业的能力,而且还有我们在工作环境中遇到问题时解决问题的能力。这是我观察浪费或非增值作业旅程的开始,也是我第一次看见丰田生产方式的基础。

经过几个小时的生产,我们休息了一会儿,然后有机会就如何改善工作区域提出建议。由于经验不足,我反而觉得到处都是问题——我的想法包括重新设计零件的放置位置和倾斜的零件盒以符合人体工学、滚轮料架的改善、工作中使用对讲机,以及需要遵守的制造顺序。我甚至建议要戴手套,因为我的手指和手有点"擦伤"。

事实证明,接下来我面临手指酸痛的挑战。下一个生产工序更加艰巨,但我下定决心坚持下去。我们再次被问到如何改善流程,回头一看,我确定我错过了很多改善的机会，但是我表现得很好，足以进入下一轮了。

## 1.4 面谈

1988年初我接到了面试的电话，这本身就是个大消息——我不知道该先打电话给家里的哪个人！当时很多人都非常希望能接到这样的电话，所以我觉得自己很幸运，在数千名申请者中脱颖而出。

那时是我第一次访问丰田工厂，真是一个刻骨铭心的时刻，走进美丽的主大厅，同时意识到这对我来说将是多么重要。接待员请我坐下，等候叫我的名字。我不想坐着空担心，就仔细地观察了玻璃柜中展示的丰田园区比例模型。

但是，当叫到我的名字时，我开始流汗，心中小鹿乱撞。跟着指示我沿着走廊进入右边的最后一个房间。当我走进去时，看到两位先生穿着丰田制服，前面摆着许多文件。他们向我介绍了自己，我们坐下来开始面试。

第一位面试官是大卫·梅尔（David Meier），他当时是塑料部门的生产团队组长，现在是精益咨询领域的密友和同事，并且是 *Toyota Talent* 和 *Toyota Way Fieldbook* 的合著作者。我的第二位面试官是 TMMK 最早的人力资源经理之一——杜威·克劳福德（Dewey Crawford）。

大卫和杜威非常友善，在面试中让我感到轻松自在，让我仔细思考他们提出的所有问题——一些关于生产场景和问题的情境性问题。他们想知道，我从以前的经验中学到了什么，如何让工作变得更轻松？他们以一种非常支持的方式来探索我在解决问题上所拥有的任何经验。

然后，他们让我回想一个在工作中取得了改善的情况。我想到的例子是我在当地一家温蒂快餐店的工作经验，我在高中时曾在那儿工作以赚取汽油费等零用钱。我的上班时间主要是在晚上和周末，而操作得来速车道㊀成为我的专长，因为我有一个让人们快速通过的诀窍。

大卫让我解释一下我是如何做到的，多年后他对我说，我当时的回答对我的面试而言是一个决定性的时刻。我解释说，我已经在脑袋里安装了一个小程序，当订单在屏幕上出现时，我会立即查看订单，并在客户通过车道到达窗口之前计算出要找给客户的零钱。80%的人会以整钞支付，因此，如果他们有一张5.52美元的订单，我会先在手头准备好48美分的零钱，所以届时我所要做的就是处理纸钞。

事实证明，这样可以节省很多时间，也是我教给别人的一种做法。我绝不认为是我发明了这个想法——时至今日，我经常在得来速车道看到同样的做法——

---

㊀ drive—through，不必下车即可得到服务的餐馆。——译者注

但这确实是出于我自己想让事情变得更容易的方案，这给大卫留下了深刻的印象。正如日本专家经常告诉我们的，让我们与众不同的正是这些小的改善理念和节省下来的几秒钟的时间。正如我们将在第二部分中看到的那样，丰田的成功是赢得每一秒。

我完成了面试，对自己的前景感到非常满意，尽管我希望我还能多说几件事。我已经尽力了，现在我唯一能做的就是等待电话。

### 在 TMMK 组织成功的团队

大卫·梅尔（David Meier）

TMMK 前团队组长

当 TMMK 开始招聘时，美国刚从经济衰退中走出来，所以当地没有很多工作机会，同时也认为日本在制造业方面领先于美国，每个人都想到这里工作，因此，大约有 100000 人来申请 2000 个职位。

1987 年 6 月 22 日，我被聘用为团队组长，但是在我开始招聘我的团队成员之前，有六个月的学习和计划时间。因此，当我面试特蕾西担任仪表板的团队成员时，我已经非常了解我需要什么样的人才能成功，即使我们并不知道一旦我们开始生产之后，日常生活将会变成什么样子。

包括特蕾西在内，我们面试的 95% 的人都没有制造经验——我们有银行出纳员、牙科助理、具有博士学位以及各种各样的人。作为培训的一部分，我曾花了一个月的时间在日本丰田公司实习，所以我知道工作有多么艰辛。因此我最担心的是，这个员工会因为工作环境太辛苦、太热或太脏而离职吗？我也知道解决问题的动机和能力是必不可少的技能。

最初的筛选是由肯塔基州就业办公室进行的，直到后来我们才参与其中，因此我们只能看到经过一系列测验并获得很高分数的人。

但是，我们也需要处理大量来自人力资源部的文件，而我实际上正进行着数百次面试，我们有一个评分流程以确保公平，面试通常会有一个人力资源人员出席来提供该方面的帮助。我主要是为仪表板团队招聘，但是如果我发现某人的技能更适合另一个团队时，我通常会推荐该应聘者给另一个团队组长。

特蕾西的表现非常出色，有几件事情引人注目，其中一件是当我们要求她回忆她曾经在工作中遇到的情况，并提出改善想法的时候，她谈到她在得来速车道时如何工作，她注意到，当一个人的账单是 8.2 美元时，他们通常会付 10 美元的钞票。因此，当他们通过车道到达交易窗口时，她已经准备好了要找的零钱。

> 我认为这是很聪明的方法——这是连我自己也想不到的。让我印象深刻的还有她真正理解了问题意识和问题解决的重要性,以及这将如何提高公司的业绩。这是丰田的重要组成部分,特蕾西的确与众不同。
>
> 另一点是她在保龄球比赛中的成功。我小时候也是个不错的保龄球选手,但没有像特蕾西那样在全国赛中名列前茅,我知道得到这样的成绩需要如何自律,所以总的来说,我真的认为特蕾西适合这里。当特蕾西晋升为班长,然后晋升为组长时,证明了我对她的判断是正确的。

## 1.5 事后来看——他们在寻找什么?

被雇用并最终成为领导者的好处之一,就是能知道所有这些评估员和面试员都在寻找什么。例如,我后来从我们的评估员之一吉恩·奇尔德(Gene Childress)那里得知,对同一能力进行了多次测试,因此没有任何一项单独的测试可以决定最终评估结果。这充分考虑到了不同的人,可能需要以不同的方式表现这些能力的事实。此外,我们的测试结果会在我们所申请职位的背景下进行评估。因此,这不是一个"固定"的僵硬测试。

吉恩还告诉我,丰田并不真正了解对员工的期望是什么,但希望确保我们展示出成为一名有贡献的团队成员所需要的全部能力。当你考虑到这种不确定性,以及我们是塑造该组织的早期员工的这一事实时,你就会明白为什么丰田要实施如此漫长而彻底的招聘流程。考虑到这个工厂是多么成功,就会惊讶于这个招聘流程是多么有效。

尽管丰田列出的技能稍有不同,但是我使用以下能力来总结丰田评估我们的技能。顺便说一下,如果你想开发更健全的招聘流程,我也建议你寻找这些能力。

- 倾听技巧。这个看似简单,但我们真正聆听的效率如何?我们如何理解这一点?我们的第一本能是在某人说话结束之前,就分享我们的观点,或者在某人结束交谈之前就在我们心中有了自己的主张。在测试中,我们的评估员会仔细观察被测试者,是否真正地能够听取和吸收新信息。

- 解决问题的能力。解决问题在任何组织中都很重要,但是丰田却是在每位员工身上寻求这种能力。正如我们稍后将看到的那样,拥有一支具有强大解决问题能力的队伍是我们仅运营了几年就获得 J. D. Power 工厂质量金奖的原因。我们的评估员通过经常询问有关如何改善作业、布局或工作区域来寻求这种能力,以及我们是否能看到异常情况,并提出自己的想法来使情况变得更好。

- 团队合作。与他人合作的能力往往被淡化为一种既定的能力,但它却深深植根于丰田模式之中，因为每个员工都是团队的重要组成部分。在团队实践中，评估员认真关注我们对他人提出的想法的反应，以及在整个实践过程中我们的整体态度和行为举止，以及我们是否可以与个性不同的人有效合作。

- 主动性。主动性的定义差别很大。在我们的评估中，丰田正在寻找能够超越自我、创造改善想法的人。这不是指要熬夜或工作得大汗淋漓，而是要找到更聪明的工作方式并了解增值工作的本质。他们想知道，我们是否会主动思考、学习和改善自己的工作流程。

- 领导力。丰田期望从内部提拔领导者，因此评估员一直在寻找我们作为"土生土长"领导者的潜力。当然，以上所列的技能都是不可或缺的。此外，评估员想知道我们是否可以帮助其他人发展这些能力，我们是否尊重他人并对他们的改善能力有信心？我们能看到事实而不是对员工做出假设吗？我们可以应付困难的情况吗？我们可以"言行一致"地成为别人的榜样吗？这些都是评估员不断问自己的问题。

我认为最重要的是，我们永远不可能在任何事情上都成为专家，因此我们每个人都必须愿意并且能够不断学习。我喜欢把自己当作海绵，当我们成为领导者时，我们应该在团队成员和新员工中寻求同样的品质。今天我作为培训师，仍坚持这样的想法。

# 第 2 章

# 早期在丰田的日子

1988年8月1日是我在丰田工作的第一天，我仍然记得它，就像昨天发生的一样。每当参加我们研讨会的人们问："那是什么样的感觉？"我就经常会分享那些难忘的最初时刻的回忆。

在那一天之前的几个星期里，我偶尔看到列克星敦地区的人们穿着红色的"Team Toyota" T恤，我很喜欢它们被视为"团队"成员的思想，并想知道我是否在第一天也能得到一件梦寐以求的T恤。

结果如我所愿，我骄傲地穿上它。丰田在第一天就让我们感到非常特别，这种感觉对我或埃尼从未消失过。这是我们对一家伟大公司的介绍，该公司拥有与众不同的真正与人合作的方式，并如此深刻地影响着我们的生活。

报到之后，我和其他75名新员工一起进入了一个名为"多功能A"的大房间。多年以后，我作为TMMK的培训师/特约商，在这个房间里花了很多时间与其他人分享知识，并且经常会回顾我的丰田之旅的开始。

我们从诸如福利和其他与人力资源相关的日常事务开始，还有很多文书工作。其中上班时间引起了我的注意：我的班次是从早上6：30到下午3：15。作为习惯于下午才上课和睡懒觉的大学生，我记得稍微计算了一下时间，并想到："哇呜，我必须在凌晨4：30起床才能准时上班，这将是一种多方面的文化转变。"

但是我觉得这里有很多成长和进步的机会，所以当时就下定决心，要承担起改变自己习惯的责任——基本上是作为一个19岁的人的快速成长。

我们的旅程真正从第二天开始，开始了为期两周丰田称为同化的过程，其中大部分时间是在教室进行。当然，这涵盖了基本福利、请假的规则、停车规定、工厂布局和组织结构等。

但是，培训远远超出了这个范围，包括丰田生产方式的基础知识、公司的价值观、安全和环境期望、安灯（在本章稍后说明）、在工作中发展（做中学），以及各种各样的主题，都是成为成功的生产团队成员的关键。因为我想在生产现场给团队留下良好的印象,所以我记得当时在课堂上非常专心。

我们还了解了组织的结构以及员工发展的重要性。每个团队的班长平均仅负责五个团队成员,并且该比例适用于组织的每个层级,从而使领导者有足够的时间培育和培训员工。

在这两个星期中,还带我们到生产现场观摩装配的各种流程以及其他生产部门。生产规模比今天要小得多,但即使那样,它仍然给我留下了深刻的印象。

当第一次带我到我将要工作的塑料区时,我记得组装和车身焊接区正在施工,我步行通过这里时抬头望着梁架,看到那些悬挂的车子,下面是操作员正在操作标准作业。我的第一反应是"哦,我能做到这一点并符合所有期望吗?"制造汽车的复杂性以及遵循如此严格的标准作业似乎是令人难以招架的,我睁着大眼睛凝视着——很明显地表达了我的惊奇。这些日子里,我很高兴看到同样坐着电车参观工厂的员工也有着如此惊奇的表情。

我与团队真正一起工作的第一天,是我的团队组长大卫·梅尔(David Meier)来接我,并带我在塑料部门附近的自助餐厅吃午餐(你还记得吧,几个月前大卫曾是我的面试官之一)。午餐后,大卫带我去见了团队成员,当时他们正在为我们的工作角色做准备,在正式的生产之前试制仪表板零件。

当我与大卫一起到达厂内的新家时,团队做了一个大招牌,欢迎我成为仪表板内饰团队的新成员。想到不久将要制造、检查和维修车辆的那个部分,我感到非常激动。

经过热烈的欢迎和介绍之后,我感到自己已经加入了这个家庭,每个人都很友善,很有团队精神,都想确保我了解该区域的所有知识。很明显,他们和我一样欣喜若狂,能够在千挑万选中被选中来制造肯塔基凯美瑞。

## 2.1 我的学习之旅进入高速挡

正如我前面提到的,当我以团队成员身份上班时,TMMK 正处于启动阶段。我们都处在陡峭的学习曲线上,随着距离人们可以购买我们所生产汽车的那一天越来越近,我们急于确保一切都正确,与此同时,我们对即将参与这些活动而感到兴奋。

我在最初几个月中所学到的知识对我的成功至关重要,但那时我还没有意识到这一点。在这里,我第一次深入学习了标准作业、可视化、可视化管理、问题解决、看板和丰田生产方式(TPS),等等。

最初,大部分工作是以标准化的方式处理实际生产任务的,其中一些非常具体。我记得有一个明确的工艺是清除右侧转向管柱座上多余的发泡。我们对自己完成这些任务的方法感到自豪,这给了我们一种对工作的主人翁感。很快地,我们将学习更多工种,一旦生产能力得到保证,将轮换工作岗位以适应不同的情况。

为了确保我们学习的内容涵盖了学习过程中所有的必要基础,使用了类似于图 2.1 中所示的多能工图表。

那段时间,令我印象最深刻的学习来自于我的第一位 TMMK 培训师高桥茂夫先生。高桥先生从日本来到这里对我们进行培训,他对丰田生产方式的精髓和塑料仪表板的标准作业的设置非常了解。但更重要的是,高桥先生对价值观、团队合作和反思等更细节的方面有深刻的理解,这是个人发展层面上的真正意义。

总的来说,丰田的日本培训师训练有素,对自己的工作充满自豪感和主人翁感,他们与我们合作的方式反映了这一事实,即丰田文化是由不同于美国人所习惯的思维模式所驱动的。我并不是说它们必然是对还是错,只是它们是不同的方法。

在丰田,个人表现出色很重要,但是关键的要素是团队合作和共同进步。在年轻的时候,我能经历一种不同的文化,并通过工作中的互动去体验它到底是怎么一回事,真是太神奇了。我在日常工作中吸收了团队合作和尊重的价值观,但在当时没有想这么多,这竟是一个无形的适应过程。

高桥先生想确保我们理解自己需要做的事情,但是他真正的任务是让我们也理解为什么要做这件事,这种理解有时可能意味着自满的团队成员与敬业和有能力的团队成员之间的区别。正如我们稍后将详细讨论的那样,它反映了对客户期望和公司目标的深刻认识。

有时,尤其是在早期,我们在标准作业中犯了错误,尤其是在作业顺序方面,在那些情况下,高桥先生会花时间向我们展示为什么按照作业顺序正确执行特定步骤非常重要。如果操作员不遵循该作业顺序,就会产生多个完成作业的版本,这反过来可能会导致不良品,并且使得查找异常原因非常困难。我深信,团队领导者知道如果有标准作业,却没有遵守执行它的纪律的话,就好像根本没有标准作业一样,这会对文化士气产生有害影响。

这是大野耐一(Taiichi Ohno)先生将标准作业视为 TPS 基础的核心想法。如果每个人都按照相同的顺序执行相同的作业,则出现异常时就会更容易识别和纠正异常。我相信强调这一点是高桥先生作为我们培训师的使命,并且他下定决心要看到我们在该领域成长。

高桥先生和另一位经验丰富的培训师本田先生从一开始就在我们生产现场,随着产量的增加,观察和强化我们每个人执行 TPS 的原则。他们也总是在现场让我们提出问题,我很喜欢和他们在一起。我甚至还教过高桥先生一些英语俚语,他也教了我们几个日语单词。我非常幸运能够一对一地接受这么多优秀教练的智慧。

| 名字：约翰·史密斯（指导者）<br>部门/组：制造车架工程<br>日期：01/01/20 | | | | | | | | | | | | 评论 | | | | |
|---|---|---|---|---|---|---|---|---|---|---|---|---|---|---|---|---|
| | 工艺或操作名称 | | | | | | | | | | | 有能力者 | | | 人力需求 | 绩效需求 |
| 序号 | 名字 | 工序1 | 工序2 | 工序3 | 工序4 | 工序5 | 工序6 | 工序7 | 工序8 | 工序9 | 工序10 | 1月 | 6月 | 12月 | | 工作方式 |
| 1 | 约翰·史密斯（指导者） | ● | ● | ● | ● | ● | ● | ● | ● | ● | ● | ⊕ | ⊕ | ⊕ | | |
| 2 | 玛丽（班长） | ● | ● | ● | ● | ● | ● | ● | ● | ● | ● | | ⊕ | ⊕ | | |
| 3 | 乔（班长） | ● | ● | ● | ● | ● | ● | ● | ● | ● | ● | | ⊕ | ⊕ | | |
| 4 | 加里 | ⊕ | ● | ● | ● | ● | ● | ● | ● | ● | ● | | ⊕ | ⊕ | | |
| 5 | 安格尔 | ⊕ | ● | ● | ● | ● | ● | ● | ● | ● | ● | | ⊕ | ⊕ | | |
| 6 | 保罗 | ⊕ | ⊕ | ● | ● | ● | ● | ● | ● | ● | ● | | ⊕ | ⊕ | | |
| 7 | 简 | ⊕ | ⊕ | ⊕ | ⊕ | ⊕ | ⊕ | ⊕ | ⊕ | ⊕ | ⊕ | | ⊕ | ⊕ | | |
| 8 | 艾利森 | ⊕ | ⊕ | ⊕ | ⊕ | ⊕ | ⊕ | ⊕ | ⊕ | ⊕ | ⊕ | | ⊕ | ⊕ | | |
| 9 | | | | | | | | | | | | | | | | |
| 10 | | | | | | | | | | | | | | | | |
| 理想人数 | | 4 | 6 | 6 | 6 | 6 | 6 | 6 | 6 | 6 | 4 | | | | | |
| 培训的结果 | 年初 | 3 | 3 | 3 | 1 | 3 | 3 | 2 | 3 | 5 | 3 | | | | | |
| | 年中 | 5 | 4 | 4 | 2 | 4 | 4 | 3 | 4 | 6 | 4 | | | | | |
| | 年末 | | | | | | | | | | | | | | | |
| 评论 | 工作需求（生产变化） | | | | | | | | | | | | | | 关键 | |

● = 100%胜任　◐ = 75%胜任　⊖ = 50%胜任　⊕ = 培训中

图 2.1　多能工图表

> **让我们进入状态**
>
> 大卫·梅尔（David Meier）
>
> **TMMK 前团队组长**
>
> 我们的日本培训师每三个月轮换一次，工厂里有数百名培训师。等我们与他们磨合并使他们变得更像美国人时，公司又会派遣新的培训师来进一步打造我们，但是他们都是不同的。
>
> 后来我了解到，他们大多数是在公司工作 15~20 年的团队班长，技术非常熟练且知识渊博。同样地，这里也是他们成为团队组长的证明之地，所以你可以说，我们的成功的确是他们获得晋升的关键。因此，他们对我们非常严格。
>
> 一些培训师，例如高桥先生，经验更丰富，担任团队组长已有一段时间。我很确定他们是晋升为工长的候选人——这对他们来说是上一个层级。我发现他们更加以人为本，并且在领导力方面分享了很多好的建议。

## 2.2 艰难的学习

我与培训师的关系并不只是点头和微笑。培训师要求我们非常努力地工作，而且非常严厉。而 19 岁的我，可能会有些固执和不服输的牛脾气。

例如，我们有一个作业是在仪表板的背面安装螺栓，将线束固定在适当的位置，这是使用气动螺栓枪作业的，我们必须施加约 10 磅的压力才能安装每个螺栓。由于面板相当宽，该标准作业要求作业员用右手安装一半螺栓，而用左手安装另一半。

我对此作业真的很擅长——我可以在 60 秒内完成，这比平均速度快。但是我已经学会了只用右手做这一切，我的想法是："我可以做到，别管我！我不需要用左手。此外，我觉得自己无法做到像用右手那样用左手控制那把气动螺栓枪。"

因此，有一天，我的培训师突然将我带离生产线，要求我放下右手。他说："只能用左手练习，请不要说话。"然后他没有任何解释就离开了。那时候我有些困惑，因为我真的觉得我光用右手就能做得比预期要好。

好吧，我还年轻，偶尔会表现出带有讽刺和挖苦的个性，所以我依照他的要求做了，但是我一直都很不高兴。他为什么要让我这样做呢？我想："我符合了所有标准作业的要求，为什么还要这样挑剔我呢？"

但是，该作业标准的确说明，我应该使用双手进行作业。

终于，我的培训师回来了，要求我解释为什么必须用双手。他问："你明白为什么了吗？"他等着看我如何回应。

我反驳道："因为你这么说的。"

他说："不，这样的作业标准是有理由的。"

然后他要求我用右手演示该作业，在某一瞬间，当我吃力地向左转时，他说："停在那儿，维持30秒钟的压力。"我的身体处于弯曲姿势（根据评级，在人体工程学上不安全），肩膀完全被拉伸，但我坚持住了。

他说："现在，你每天只是这样做10次，你可以很熟练，但是每天十次只是练习。"他对我变得有点严厉，"但是你每天可以这么做100次吗？你可以在量产的情况下每天做540次吗？"

他继续说道："我在救你的肩膀，理由是安全，如果我不进行干预，你可能会伤到自己的肩膀。因此，我正在挽救你的肩膀，你应该感谢我。"

我轻声地说："好吧，我明白了，你是对的。"

他说："这是第一课，你知道第二课吗？"

我问："第二课是什么？"

他回答说："有一天当你成为团队领导者，你将必须面对像你一样抵制改变的人。"

不用说，我永远不会忘记这一课！

随着TMMK的发展，以及在丰田方式下变得更加自给自足，我们看到培训师对我们的约束力越来越小，如今，像高桥先生和本田先生般的培训师越来越少。这正是原本应该发生的事情，但我开始怀念那些早期的日本培训师。

回想起来，当时我还很年轻、很幼稚，还没有成熟到可以完全理解培训师所提供观点的程度。高桥先生对我们所有人都有很高的期望，有时候这对于19岁的孩子来说是令人生畏的，但是如果当时我知道他和其他培训师所拥有的无价知识，我就会投入更多的时间，问更深层次的问题。即使在今天，我依然祈望我可以花更多的时间和一些过去的日本培训师相处，我还有很多要问的与要去看的事情。

---

### "不好"的意思

**大卫·梅尔（David Meier）**

**TMMK 前团队组长**

在第一份工作回顾报告中，美国经理问我的培训过程进行得如何，当时我的培训师也在场。他指着我说："他的培训不好！"我感到震惊，特别是因为我将培训员工视为我的长处之一。

> 但是我后来意识到"不好"并不意味着我是一个糟糕的培训师。"不好"意味着我需要改进某些地方,这是丰田生活的一部分。因此,在早期,必须解决此类沟通问题。
>
> 其中一些与文化以及语言有关。阴阳哲学是亚洲文化的原则之一,现实生活中的情况被认为是两种对立的融合。因此,我们的日本培训师不太可能将我们的表现视为黑白或"好与坏",而是两者的结合。对于习惯于评价工作干得好或差的美国人来说,这需要一些时间来适应。

## 2.3 行为示范丰田的价值

正如我之前提到的,我们正在处理非常基础的价值观、原则和方法,这些最终会以"丰田企业实务""丰田模式"和"丰田生产方式"为标题来记录。我认为,由于北美组织的快速发展,为了招聘和快速培训,有必要将这些价值观编撰成册,但是一般人很容易从印刷文档学习,而忽略非常重要的文化因素。

现在在"精益"旗帜下,看得到所有的精益工具,人们会来找我说:"我们已经有工具了,但是要如何创建像丰田一样的文化呢?"

我告诉他们这是一个充满挑战的问题,要创造这种文化需要考虑许多方面,很难给出一个简短的答案,或者挥舞着"哈利波特魔杖"说:"这样做,你的愿望就会兑现!"真希望我有那么厉害!

正如我所看到的,关键是要了解精益的人员与工具之间的区别。人的方面永远是最困难的——在这里你需要以纪律来创造这种叫作文化的东西。这些工具就只具有工具的功能,是为了消除我们流程中的某些变异而采取的对策。为了使工具成功,人们必须了解他们需要参与的程度或工具背后的目的。这包括确切了解要衡量的内容,以确保所采取的任何对策的结果都显示指标的正向变化。正如我常在研讨会中提醒人们的那样,你必须从公司的角度来解释一个人工作中的任何变化或期望"是什么""如何"和"为什么"。

在介绍任何方法之前,我们的培训师总是着重与我们进行"是什么""如何"和"为什么"方面的探讨。在我们的研讨会中也遵循此模式,让参与者可以开始认识他们在这里的目的。例如,当教授解决问题的课程时,我们通常在文化方面花费4~5个小时,然后才开始讨论一些实际步骤。

为了帮助人们了解可视化文化方面所涉及的内容,我们使用了一个称为"文化链"的模型,如图2.2所示。这是根据印度政治领袖和哲学家圣雄甘地的语录改编而成的,该语录是迈克·侯赛斯(Mike Hoseus)介绍给我的。

我们发现文化链是一种非常有效的方式，展示了如何内化我们每天生活的价值观和原则。下面让我们看看这个想法如何适用于持续改善的文化。

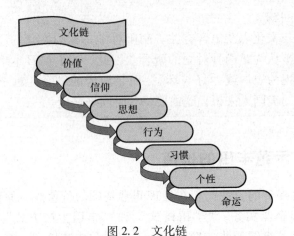

图 2.2　文化链

价值观或原则是行为的起点。它们是在我们的日常行为中实现价值时，与具体的实际行为相关联的引导性路标。例如，丰田具有一套称为"丰田模式"的价值观。

它们是：
- 现地现物
- 团队合作
- 挑战
- 持续改善
- 尊重人

每个价值观都支持我在日常工作中应用或传递给他人的切实行为。

另外一个方面是信念。员工是否相信公司通过其价值观或原则试图实现的目标？员工尊重他们的领导者吗？人们是否相信公司关心员工的最大利益？顺便一提，这是询问组织内人员的一个很好的问题，可以作为员工士气水平的晴雨检查表。这通常被称为相互信任和尊重。这些都是文化中信念体系的所有方面。

我可以坦白地说，当我在丰田的时候，我相信公司通过我们严格地遵行标准作业而能够完成每天的工作目标。这意味着某种意义上，我与我所创造的产品之间有着真正的联结。我可以在我所驾驶的凯美瑞（Camry）上看到它，会在红灯前停下来，然后想着："在这仪表板内有我作业时签上去的名字缩写。"

我们的团队班组长们通过每天的工作，都在努力实现这个"价值观"，他们用身教告诉我们，我们的信念对我们正在创造的文化至关重要。没有这个信念，精益或任何其他的称呼，都只能是一个项目或是昙花一现。

为了使个人或领导者接受这种信念，当他们每天走进公司大门时，信念就必须成为他们日常思想的一部分。如果这种信念成为一种内在的想法，那么就更有可能采取与公司价值观和原则相一致的行为。领导者有责任在这些领域培养自己的员工，这让他们的肩上担负着巨大的责任。不可能"命令"一个人采取一种思维方式——而是只能使用仆人式领导模式来教导。在这种模式中，领导者要以身作则，以"我为你工作的心态"，始终保持"领先学员一步"。对于习惯于传统自上而下的等级式思维的人们而言，这是困难的，这就是为什么成功实施精益文化是如此罕见的原因。

因此，所有人的目光都集中在领导者身上，他们可以很容易地建立或破坏精益文化。这就是为什么当我在各种不同的公司进行培训时，如果可能的话，我要求首先培训他们的领导层。

一旦建立了价值观、信念、思想和行为，心理流程就开始成为一种习惯。这是我们在TMMK工作时所达到的结果，也是让文化变得"无所不在"的境界。在这里，这不再是一处选择性或方便性的问题，而是日常生活的一部分。

从本质上讲，这成就了我们员工队伍的特性——我们都接受它成为我们做事的方式。我们不会称呼它是什么，但毫无疑问，我们对维护这一纪律负责。再强调一次，以传统的思维方式在丰田工作将会很困难。

一旦你的员工树立了这种特性，那么公司注定会成为行业的领导者和就业者的首选。我能肯定地断言，如果你创建了这个文化链所定义的那种文化，你将得到那种只能通过坚实的流程和在整个组织内有效共享知识的结果。这是我们与传统管理最大的不同之处，大多数公司仅依靠"用数字或结果管理"，而忽略了整个系统中的人员，我们说的是相反的策略——首先从你的员工开始。

以下引用出现在丰田模式（Toyota Way 2001）价值手册中的丰田英二先生语录：

"人是丰田最重要的资产，是决定丰田兴衰的决定性因素"

——丰田英二，丰田前会长

因此，请关注人的方面，并问自己："我在这个'文化链'思维中的位置在哪里？""我与它的目标的差距在哪里？"和"我要如何开始缩小这差距？"

## 2.4 要进行改善，你必须要有标准

正是在这种深厚的文化和个人思想的背景下，才能向我们提出维持和提高标准的想法。如果我们都了解标准背后的"原因"，并真正"拥有"流程，则我们

的领导者不必告诉我们要做什么,他们可以把更多的时间用于培养我们,从而使我们在改善流程和标准方面做得更好。因此,这些都是良性循环的一部分。

从广义上讲,这种每天对标准背后"原因"的深刻理解,有助于创建一个我们可以管理的流程,而不是让流程来管理我们的文化环境。

在TMMK的初期阶段,许多生产区域仍在建设中,有时在设备从日本运来之前,我们会用胶带标示设备可能会放置的位置。

因此,我们的标准从一开始就是有效的,这是我们的另一个独特经验,当你与对标准有深刻理解的人一起建立标准时,你才会真正理解标准是怎么一回事。

标准最初是从大规模的计划流程中产生的,埃尼被聘为团队班长之后,在日本花了一个月的时间为这项工作做准备。在此期间,他在堤工厂工作,那里是我们用来作为许多制程起点的母工厂。在那里,他参加了目视化实践,学习了动力总成区域的一些布局和标准作业。

但是,这并不是要给TMMK的领导者复制一些东西,其目的是要让他们深入了解为丰田凯美瑞制造的车轴的复杂性。埃尼回来之后,他和他的培训师生驹尚一(生驹先生)以及他的团队组长和团队成员就要制定当所有的设备到达时,所需要的一个高层次的作业流程概要。

许多企业使用流程图和流程大纲,但是在丰田生产方式中,所有流程都建立在一个原则上。在这里,我们正在设计流程,以便我们可以在客户要求的时间内制造汽车。

为简化起见,假设平均每分钟有一位顾客进来要购买一辆新车,这意味着我们必须设计流程,以便每60秒可以生产一辆新车。

这里的"60秒"使用的专业术语叫节拍时间,它源于德语单词,表示"度量的时间"。1988年9月,我们在TMMK开始生产时,我们的节拍时间约为60秒。

如果你仔细想想,这意味着每个人的生产作业必须平均每60秒重复执行一次。当然,这些作业有很多变异,但其主要思想是我们在处理短时间内发生的作业,并且使用书面文档来标准化每个作业,如此可以一致地满足我们的节拍时间。

这个做法需要周密的计划。在TMMK的启动过程中,流程设计从最高级别开始,然后发展到更具体的阶段。例如,计划者会画出设备布局的草图,并开始讨论操作该流程所必需的工作流程,以使其始终满足最终节拍时间。一旦确定了布局和工作流程,他们便开始研究每个工作站完成作业所需的时间。

然后,我们将参与创建或修改自己范围的标准。这涉及更详细地记录标准作业的内容,创建用于工作教导的作业分解表,内建设备时间的作业组合票,以及随着员工培养的每个员工培训状态可视化的多能工训练表。

图 2.3 显示了大约 1987 年使用的"老式"作业标准示例,该标准可以追溯到一直都是手写的标准作业票。左列中有典型的要素作业列表,通常在右边的插图中进行了阐明。标准非常精确,规定了要用什么工具和哪一只手,当然还有任何必要的安全要求。

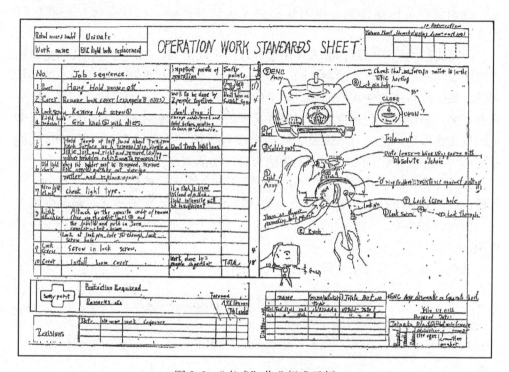

图 2.3 "老式"作业标准示例

这些标准背后的思想是 TPS 原则的核心,也就是在适当的时间,以适当的人员和库存,以及最少的浪费进行生产。随着设备的增加,我们在布局、工作、人员、物资、信息流等方面进行了微调。

一旦 TMMK 开始生产,我们负责将这些标准展示在工作站上,并保持其可读性和时效性,我们甚至没有将其视为特殊的东西——这就是我们的作业方式。直到我职业生涯的后期,才意识到竟有如此多的作业现场根本没有标准作业。

## 2.5 超越合规

正如我们之前所讨论的,我们的培训师总是花时间确保我们理解该标准背后的"原因"。此处的要点是,丰田不想让我们不动脑筋并盲目地遵守,而是希望培养出一双积极主动的、批判性的眼睛,使我们能够维持和改善标准。我们之所以会遵循这些标准,是因为我们了解其背后的目的。

我们在很多方面与客户发生联结,例如,可以想象一下,当客户发现刚从停车场开出的新车上有刮痕,或者看到一块塑料粘在仪表板上会是什么样的感觉?我们制定了标准作业,以确保不会发生这些问题,并确保客户一直保持微笑。

但是我们的作用以及标准的作用远远超出了此范围。如前所述,我们是根据客户要求的速度生产汽车的团队的一部分,即使改善速度的指针只以很小的增量移动,每个改善依然使我们能够以更少的资源实现目标,正如我们将在第二部分中看到的,丰田的文化不依靠由少数人实现的全垒打,而依靠于我们所有的人实现的很多很多的一垒安打。因此,一个标准背后的"为什么"可能已经被证明是完成一项作业最快的方法,即使无法很容易地从表面上看出来。

标准作业中另一个重要的"为什么"是安全性,这被认为是绝对性的。安全性已嵌入到每个标准中,并且每当对标准作业进行审查或修订时都会仔细考虑。因此,如果有一种更快的方法,但会对工作人员造成压力,那绝对不是一种选项。

我们将在第二部分中更深入地研究标准作业的"为什么"。

---

### 我们只是在做我们需要做的工作

大卫·梅尔(David Meier)

TMMK 前团队组长

我认为我们正在经历一些新的令人兴奋的事情,并且全世界都在关注着。仅仅三年左右的时间,我们就获得了质量的金工厂奖,这是闻所未闻的事情。一个新工厂雇用没有经验的员工,如何能在如此短的时间内从零开始到达顶峰呢?

因此,我们正在做以前从未做过的事情——我们进行了最快的产能提升,并创下了各种记录,但我们并不是每天都在想着这件事,我们只是做我们需要做的事情。

---

## 2.6 异常处理

无论我们在 TMMK 做什么,标准作业始终是我们思考的首要问题。当某些事情看起来不正确时,我们就习惯性地立即问自己标准作业是什么。高桥先生批评我仅使用右手的不安全做法时，他会立即考虑以下三种可能性：

（1）没有任何标准可以说明这种情况。

（2）该标准存在，但未得到遵守。

（3）标准过时或不正确。

就我而言，该标准已经存在，但我没有遵循它，因为我觉得要以我的方式实现自己的目标。但我的责任是要么遵循标准，要么为变更标准提供充分的理由。

如果没有标准作业，或者标准作业不正确，那么根本就不会出现"标准作业警察"来纠正这种情况。在丰田，这得靠我们，我们总是当场纠正。

如果由于某种原因使我们无法按标准成功完成作业，我们的第一步是拉动一条在工作站上方的安灯（Andon）拉索，以启动警示灯和/或音频警报，以提醒我们的团队班长或组长提供支援。如果班组长无法在允许的时间间隔内解决问题，则整条生产线会在该节拍时间结束时自动停止。相反，若问题解决了，则班长再次拉动安灯（Andon）拉索以解除安灯机制。

虽然停线在传统制造业中被认为是一种极端措施，但在丰田却经常发生。这种立即解决问题的做法称为自働化，是丰田模式的基础之一。

## 明确问题的重要性

迈克·侯赛斯（Mike Hoseus）

TMMK 前运营与人力资源副总经理，优质人才与组织中心执行总监

当我在日本进行导入培训时，对我来说，发现了安灯（Andon）的力量是"大惊奇"的时刻之一。在大多数组织中，识别问题远比解决问题重要。但我很早就发现其社会性方面。有问题时举手并不意味着你有问题，只意味着你发现了一个问题。即使与标准作业的偏差很小也会拉动安灯，所以员工会非常频繁地拉动安灯。因此，在日本可以看到，他们的工厂遇到的问题也比较多，他们积极地识别问题，然后进行纠正，并从问题解决中学到知识，这是丰田的特色。

但是，人有时很难摆脱变通的心态。我的团队有一个塑料挡泥板衬垫的新供应商，但孔位无法轻松对齐。因此，我让一个团队成员稍微弯曲了挡泥板衬里，以使其能够对正孔位。他为此大汗淋漓，我感谢了他的辛勤工作，然后继续着我的工作。不久之后，我的培训师叫我回到团队成员所在的位置，问道："他在做什么？"

我说："我已经感谢他了，他正在努力使那些衬里配合孔位"。

> 他说:"不,不,这不好。"
> 
> "为什么?"我说:"他很努力啊。"
> 
> 他说:"迈克先生,你必须教他做好他应该做的工作。"
> 
> 我说:"我认为他在做他该做的工作啊。"
> 
> 他说:"不,如果他不能遵循标准作业,那么他的工作就是拉动安灯来确认问题所在,因此,请教他做好他的工作,以便你可以做你的工作——即解决问题。"
> 
> 我说:"好吧"。我有很多这样的"惊奇"时刻,我必须学习一种新的思维方式。

## 2.7 改善的基础事项

正如许多读者会意识到的那样,丰田是根据经典的计划、执行、检查和行动(PDCA)典范,科学地进行改善的。但是,我们对这种思想的初次接触是通过一个称为 SDCA 的变则,它是标准化(Standardize)、执行(Do)、检查(Check)和行动(Act)的英文首字母缩写。

这种方法反映了大野耐一的观察,即没有标准就无法改善。换句话说,在考虑修订标准之前,你必须先完全了解标准应该如何运作。

因此,学习制定和修订标准作业是我从培训师那里习得的最基础的学问之一。我记得高桥先生第一次使用活动挂图向我们介绍 SDCA 流程,他绘制了一个类似于图 2.4 的图表。

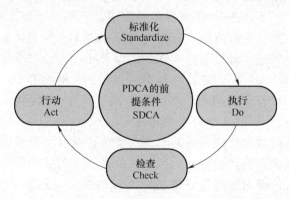

图 2.4 SDCA:标准化、执行、检查和行动

使用 SDCA 时,首先要标准化,以确保满足内部和外部客户需求的最合适的标准作业。一旦确定了正确的标准作业,就可以通过在执行阶段实行该标准

作业，并根据改变前后的绩效指标检查改变的有效性。当你确定它符合期望时，则可以用行动阶段将其作为新的书面政策或程序、标准作业，并与其他受影响的区域共享，这新的书面标准作业则成为进一步改善的基准。

实际上，在我们开始改变流程之前应用 SDCA 程序，可以减少每天的差异或返工，因为我们既有的标准作业不够清晰和简洁。我根本无法计算每分钟因为标准化很弱或考虑不周，而迫使人们"即兴作业"、流出公司大门的浪费数量。

## 2.8 改变流程

一旦我们通过 SDCA 确定无法通过修订标准作业解决特定问题的原因，就可以开始直接在流程本身上开展工作。在这里，我们转向了许多人都熟悉的经典 PDCA 版本。

W. 爱德华兹·戴明（W. Edwards Deming）在 20 世纪下半叶推广了"计划、执行、检查和行动（PDCA）"的典范，它是一种纠正偏差的简单方法，现已成为持续改善的基础。PDCA（见图 2.5）在组织中被广泛使用，但是通常它被当作一种工具，而不是一种思维方式。

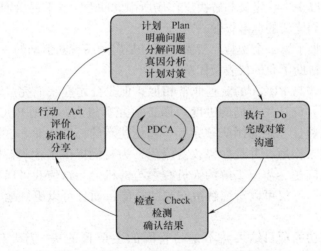

图 2.5　PDCA：计划、执行、检查和行动

在 TMMK，PDCA 真正融入了我们的思维。例如，我们知道当开始与培训师就问题进行沟通时，检查该问题的透镜将是 PDCA，并且将非常严格地应用这种思维。

借助 PDCA，我们曾学习如何制造比前一年的车型更能引起客户满意的汽车。W. 爱德华兹·戴明学院（W. Edwards Deming Institute）的董事会成员伊恩·布拉德伯里（Ian Bradbury）恰当地将PDCA形容为"它是你试图同时建立对客户价值的认知和对生产客户价值手段的认知时的一个学习循环。"

如果使用得当，PDCA是一种系统或科学的思维方式，我们可以按设计的顺序询问苏格拉底式的问题，从而有效地解决问题。如果你绕过该过程并跳过关键步骤，那么该过程可能会受到影响，结果可能会出现偏差——或者你的成功可能只是靠运气。因此，PDCA具有许多内置机制，可让所有者进行检查。我经常说，如果流程与你对话并且你在倾听，那么它就起作用了。

作为领导者，我们致力于培养人才，以使这种思维方式成为本能的一部分，并成为日常业务实践的一部分。为了促进这一点，丰田开发了八步解决问题的流程，此流程后来被称为丰田企业实务（TBP）。我们将在第二部分中对此进行详细讨论。

## 2.9　将员工聚在一起解决问题

我开始积极参与PDCA是我在参加品管圈（QC）的期间。这种做法是以日本的品管圈运动为蓝本，它是由7~10名操作员组成的自治团体，在工作时间以外定期开会，以识别、定义和解决工作场所中的问题。这些品管圈活动通常导致团队成员一起创建新的标准作业。

我报名参加了第一个塑料品管圈，而且是启动品管圈活动的一员。我们有几个成功的项目帮助了我的仪表板团队。

品管圈格式与PDCA的流程非常相似，但是公司在我们完成流程的每个步骤时，都跟踪并确认了我们的进度。你必须分享想法，遵循PDCA，若其想法通过试验得到验证，则与团队领导者一起创建新的标准作业。这样可以将我们的问题与其他人沟通，并且如果改变流程，为我们提供了让利益相关者或任何可能接触到该问题、需要了解的人员有参与的机会。这使我可以在开放的环境中进行实践——不仅可以磨炼解决问题的技能，而且可以更好地了解员工的个性和动机。

但是，成功的项目结果并不是品管圈的主要目的——首要任务是培养人才。因此，这是一个非常好的活动，以用于学习如何听取他人的意见、记录工作并实践丰田生产方式的思想，我将自己的大部分成长归功于这些能力形成期的活动。

事实证明，品管圈也是我担任领导者角色的"新手训练营"。在完成了几项活动后，我决定参加课程，以成为品管圈的圈长。这将在一个完全不同的层面上挑战我：我不仅要对自己负责，现在还要对团队负责。这意味着我不仅要以团队成员的身份指导他人，还要指导解决问题和培养思维模式。我几乎不知道我正在为下一个阶段培养自己，所有这些工作都是在三年的时间里进行的，但是我慢慢地创造了一些基本的垒打，为自己有一天能够全垒打做好准备。

但是，领导力的某些方面是任何人都无法准备的，正如你将在下一章中看到的那样。

# 第 3 章

# 成为一位领导者

　　成长的过程中，我不是人们口中所说的天生的领导者。我从未参加过学生会，即使我参加过许多运动团队，我也从未有过成为队长的信心。我也很害怕在课堂上发言，经常只是静静地坐着，而其他一些比较善于交际的同学则提出问题并发表评论。

　　但是，在 TMMK 有一种氛围让我想"有一天我可以成为这里的领导者。"我在应聘的评估过程中开始意识到这一点，我也因此而被录用。当我成为员工的第一天，收到红色 Team Toyota T 恤时，更有了非常强烈的感觉。虽然我还不了解原因，但在 TMMK，感觉就像在家里一样很"自在"。

　　因此，从第一天起我就下定决心，竭尽全力成为一名领导者。我的主管和培训师对我的热情表示欢迎，并向我提出挑战以培养我的领导才能。他们对我的信任帮助我相信自己，我永远对此深表感谢。

　　我成为领导者的正式准备工作始于 1990 年，当时我获得批准，开始进行升任班长前的培训课程，并开始一系列有关各种主题的必修课程。有些课程是针对我们的环境而设计的，包括解决问题（详细介绍了 PDCA/A3 方法）和工作教导评估等领域。另外，还有一般性的课程如倾听技巧，如何主持会议等，不过 TMMK 这些科目的做法非常独特。

　　这些课程真正突出的是强调概念背后的思想。方法只是一个方面，人与方法之间互动的细微差异是使方法发挥作用的关键因素。我发现课程让人非常投入，我们的讲师花很多时间来确保我们理解概念背后的"为什么"，期望我们能够思考。他们也知道我们具有不同的学习方式，并相应地调整了培训方法。我多么希望以前在学校的时候就有这样的学习机会！

　　同时，课程要求极高，是在上班前或下班后，有时在周末上课。培训师希望我们即使在非常疲倦的时候也能打起精神认真地学习，我经常需要唤起我的家庭工作基因来保持动力。

　　我在 21 岁的时候被升任为塑料部门的班长，辛勤的工作终于得到了回报。

## 3.1 永远别陷入舒适区

我清楚地记得当我的培训师给我戴上那顶帽子的一刻，那顶蓝色的帽子有着一条棕色条纹，表明我是班长。他说："特蕾西，这顶帽子会让你一直不舒服。"我不知道他到底是什么意思，但是我为受委托为五到六人的团队树立榜样，并尽我所能来教导和支援他们而感到非常兴奋，我为戴上这顶帽子而感到非常自豪。

随着时间的推移，我了解到"不舒服"意味着拥抱挑战而不是回避挑战，这意味着不惜一切代价避免自满，这意味着要避免领导者经常陷入的只动嘴"讲故事——推销——令人信服"的陷阱，并仿效我的主管和培训师，十分自然地展现出更高地要求"吸引他参与——让他加入——赋能与授权"的榜样。

如前所述，我拙于在众人面前讲话，即使只是三到四个人。当我讲话时，人们可以很清楚地听到我的颤抖。显然，在许多公司，这样是不会让我成为领导者的。

事实证明，TMMK 用一种截然不同的眼光看待我的领导潜能——培训师看到我一直在问"为什么"，倾听和尊重他人，并对帮助他人"看到希望"充满热情，这些是他们认为最重要的素质。当涉及我的舒适区以外的能力时，即使我有时不太确定自己的能力，他们也相信我能培养起来。正如我们稍后将看到的，他们在我最不抱希望的时候给了我很大的助力。

从技术上来说，班长是没有正式管理权的时薪员工，他们为团队提供指导、支援和督导。班长的大部分时间是在生产线上或其附近，以便在发生异常时支援团队成员。对于涉及纠正措施或评估绩效的管理工作时，团队班长必须服从组长的指示。

如果出现团队成员无法当场解决的问题，班长也是立即"去帮助"的人。如果有人拉安灯，班长是第一位响应者。如果团队成员作业落后或迟到，我也有责任加入作业（还记得我刚开始在丰田时必须改变的早起准时上班的习惯吗？）。

同时，我要十分注意团队成员的作业，纠正他们与标准作业之间的差异。安全是重中之重，如果有人对此表示怀疑，我将进行教导。

同样的做法适用于质量未达到标准的情况。再说一次，如果团队成员的问题持续无法解决的时候，我会向组长报告。

在此期间，我继续快速学习，而我的主管们并没有忽视我，反而挑战了我进一步培养自己的技能，这包括更多的课程，在我当时的培养中，这些课程与领导品管圈有关。作为 TMMK 的例行活动，品管圈成了我练习和提高领导能力的"训练营"。正是在这里，我开始与人互动，扩大了自己的舒适圈范围，并开始克服自己在众人面前讲话的恐惧。

这段经历还帮助我对丰田领导力愿景背后的一些想法有了更深入的了解。例如，日语单词"根回，nemawashi"在我们的环境中经常使用，若以英语表示，则其意义为事前取得共识或获得适当的支持。从高层次看，这是正确的，但真正的意义要比这更微妙。我记得我的培训师曾经将"根回 nemawashi"描述为"准备土壤"，当他注意到我对此表示困惑的表情，他要求我思考：为了让树木能够蓬勃生长需要准备什么？这也就是为了让所计划的事情能够顺利进行的必要条件。

当我逐步阐明该过程之后，培训师让我想象这棵树是一个点子，我们如何每天培养各种点子，为团队之间的共享和应用做好准备？作为领导者，我们必须始终为这样的土壤、条件做好准备，不仅是为个人做好准备，而且还为团队做好准备，还要准备好如何逐步地拓展到整个公司。这是每个人都必须接受的重要挑战。

如前所述，我的主管一直在寻找机会让我走出舒适区，这给我带来了一段难忘的经历。我们小组已经完成了一个重新平衡作业的项目，可以释放出人力用于其他有需要的部门，目的是避免绝对不必要的雇用——因为终身雇用是丰田的核心价值，所以这是关键优先事项。它使我们能够在不影响前置时间或质量的前提下，在生产线上模拟各种想法，所以该项目非常令人兴奋。

为了跟踪我们的进度，确定了需要密切观察的项目，例如过多的走动、潜在的等待时间、机器作业时间、换模时间、延迟的作业（拉安灯）以及标准作业的步骤。在两周的时间里，我们继续寻求改善以便我们可以进行试用、衡量和修改当前的标准以满足新的期望。看到这种方式的实现过程令人非常兴奋，我对这样的活动充满了热情。

当时，作业再平衡是整个工厂的一个大课题，在我们成功地更改了标准作业并适应新的改善之后，与其他部门"分享智慧"成了我们的职责。很快地，厂方安排了一次正式的发表，而且丰田章一郎先生将要出席。现在，有丰田汽车公司的董事长，更不用说他是一位标志性的丰田家族成员出现在我们的现场，这不是每天都会发生的事情，所以我们部门充满了兴奋感。

然后，令我惊讶的是，我被问到是否愿意负责我所担任班长部门的发表。最初，我很害怕。我以前从未做过这样的事情——实际上我从来没有用麦克风讲过话。我说："你是认真的吗？你想让我在丰田章一郎先生和 TMMK 的所有高层领导人面前讲话吗？如果我搞砸了怎么办？如果我太紧张了怎么办？"

但是随着发表的日子一天天的临近，我意识到这不只是分享我们在持续改善中学到的知识，我的培训师们认为这是培养我的一个机会。是的，我在发表时很紧张（见图 3.1），但是因为我对自己的角色以及我们作为一个团队完成的活动充满热情，所以我获得了动力。这是一个让我感到有点不舒适，但同时又学到很多东西的时刻。

图 3.1　与丰田章一郎的正式演示

我的培训师是对的，脱离舒适区的感觉非常好。实际上，我们所有人都应该稍微地脱离舒适区！随着时间的流逝，我的主管和培训师帮助我摆脱了内向的外壳，使我成为一位培训师。我会永远感激当初能够让我参加这项活动并让我认识了标志性的丰田大家庭的成员。

> **舒适区**
>
> 谭雅·道尔（Tanya Doyle）
>
> 精益文化教练
>
> 离开舒适区是让你成长的唯一途径——实际上你必须学习。对于我们精益人来说，这就是全部。我们一直在解决问题，并设定新的目标和针对实际情况以进行改善。这就是我们生活的一部分，这就是为什么我们不适合如一般企业的人们，坐在自己孤立的小天地里并互相发送电子邮件的原因。

在担任班长的那些年里，我继续参加课程并练习领导技能。其中有两次，我在先导（生产准备）团队中任职——一个特别的团队，是为下一个车型的发布负责将生产上的变更整合到既有的生产线上。那时候，先导团队还处于起步阶段，因此我们的主管们与我们一起学习，这是极难得的机会。在那段时间里，我目睹了换模时间从几天缩短到几分钟的过程，亲眼看到并亲自参与实施这种类型的换模活动，真是太棒了，这对于实践 PDCA 的所有方面都是一个很好的经验。

1994年，我被调入汽车顶篷小组，一年后，当我在班长职位上任职五年之后，我被提升为该团队的组长。

## 3.2 一边领导一边学习

晋升后不久，我的培训师来到了我的部门，问我："特蕾西，你准备好当组长了吗？"为了确定我理解这一点的含义，他继续说道："请理解，作为组长，你现在必须花费50%的时间来培养自己的部下。"

成为组长意味着将从时薪员工变成月薪员工，这是重大的责任。从这里开始，我的表现将根据团队成员的长期成功来判断。仆人式领导角色是丰田独特管理方法的基石。对于组长而言，有纪律有效率地完成我们日常的重要管理职责只是一个起点——真正的考验是，在剩下的50%的时间里，我们如何满足部下的学习需求。

在担任新的组长职务时，我负责五名班长和大约30人的整个团队。我直接负责他们的出勤、人员档案、日常劳务管理、轮换交叉培训、关键绩效指标（KPI）的战略层级化、目视化以及最重要的遵循标准作业。当他们提升我的职位，把蓝色条纹的组长帽子递给我时，我知道我必须再次提高自己挑战的门槛。

反思丰田佐吉以下的话，我觉得很鼓舞人心："我经历了人生的许多曲折，许多战斗很艰难，小规模战斗也许有一半赢了。但在大多数情况下，我看到的失败多于成功。"

这总是让我感到谦卑，也让我感到安慰的是，即使是伟大的领导人也必须面对失败。在担任组长的最初几个月中，我经常对此进行反思，有时我的培训师为了让我直接面对学习重点，会让我陷入困境。

此外，我非常自豪地承担了组长的职责。26岁的我负责建立一个安全的工作场所，让30个人分享他们的才能和发展他们的技能有满足感，从而为我们的客户提供我们可以制造的最好的汽车。今天，我仍然很自豪地知道，我的名字缩写和我帮助过的人们的名字缩写仍然是道路上超过一百万辆汽车的一部分。

虽然只能通过经验来学习组长角色的许多方面，但职责的定义却非常明确。在你所在的部门，你负责从轮班开始直到轮班结束，让所有的物料、设备和人员都处于标准的位置和状态之下。

每天，从主持团队成员的站立会议开始，在这里，我可以向团队成员提示目标、质量和安全注意事项、人员变动、团队成员的特殊表扬、交叉培训计划以及相关的公司信息。

一整天，我要随时注意可能影响安全性、质量、交期或成本的众多指标，了解轮班期间出现的任何异常情况都是我的责任。最重要的是，我必须让我的部下了解情况，解决任何一个员工的问题，并以团队的立场采取行动，消除任何妨碍前进的障碍。

一整天，我大部分时间都在现场工作，检查所有可视化管理指标，更新图表数据，并观察团队成员在特定流程中的作业。我和我的团队一直会问自己的问题是，我们如何识别和减少浪费，或者在这里或那里能节省几秒钟（在其他行业可能是几分钟，几小时或几天），在保证质量与不会造成过度劳累或安全问题的前提下，改善交货前置时间。

我经常会通过问问题与部下交谈。他们觉得工作进展如何？他们是否看到任何可以让我们做得更好的方式？他们需要我帮什么忙才能成功？最后，在他们的工作之外，生活进展得如何？丰田真正关心员工，而我身为领导者，我就是丰田的代表。

当然，这个角色与传统的管理者截然不同，后者在办公室工作，只有在应对危机、宣布目标、强调规则和政策，或者在出现问题而指责时，才会与员工互动。

---

## 找时间领导与学习

弗兰·弗西（Fran Vescio）

教育部门项目经理

我在努力度过疯狂的一周会议和需要完成的数百万其他工作的过程中——还在努力找寻时间来领导——我偶尔发现了这句话。

"心灵就像降落伞；只有在打开时它们才运作得最好。"

——托马斯·杜瓦，苏格兰商人

---

这让我想起了特蕾西教会我们的事情，那就是一直无休止地救火，却没有时间做一个好的仆人式领导者，这是多么危险的一件事情。

回想一下，作为仆人式领导者并没有所有问题的答案，而是要提问所有正确的问题。帮助你的团队成员和同事（以及你自己）了解情况并制定最佳解决方案，并在此过程中进行领导与学习。如果我们不能这样做；就不会有张开的降落伞，相反的，我们将会继续救火，削弱自己和周围人的价值和士气。

毋庸置疑，在组长的日常任务与培养我的员工的责任之间取得平衡，是非常具有挑战性的。在担任班长的五年之中，我非常习惯于协助团队成员，因此，我很自然地帮助班长解决流程问题，甚至于帮助调整设备参数。然而担任组长之后，取而代之的是，我必须学习如何教导他们，以减少他们对我帮助的依赖性。

我的第一个失败事例，是我没有努力将自己推出舒适区，一味地讨人们欢喜，而不是培育他们。我很快发现自己必须要有点像变色龙才行，以适应团队成员不同的学习风格。例如，有些人需要更多的详细信息或更深入的解释，以说明某些事情为什么重要，而有些人却可能很容易对过多的信息不知所措。

当需要一群人参与时，工作就变得更加困难。在TMMK，环境一直在变化，研发、设计、工程和设备维护人员之间必须保持良好的持续沟通，而且，当你考虑到决策是通过协商一致而做出时，沟通必须彻底、及时且一致。

因此，管理流程中的变化点可能非常复杂。例如，当我们进行生产准备活动时，有时必须先在某个部门进行暂时的设备调整，以便我们可以在不中断常规生产的情况下进行试验，一旦试验完成，还要确保所有变更的设备参数都恢复为原来的标准。有些变更很容易整合到生产线中，而有些变更则需要进行讨论，以便操作员理解我们最初假设的可行性，并明白这些变更背后的原因。

当然，我一路走来都有失败相随。我还能记得因为没有让某位员工适时地参与进来，或者没有花费时间有效地解释变更背后的目的，而引起双方都感到沮丧的讨论。有时，当你清楚某个事物并理解所有细微差别时，你就会认为其他人也具有相同的理解。所以我经常说知识和经验可以被视为"祝福或诅咒"。

我在现场试验时，设备使用时间的限制也很严格，所以有时我觉得绕开讨论对我来说是最简单的方法。结果，团队成员对我所导入的一些想法有些抵抗，因为团队成员认为改变会造成更多的作业，或者使作业更加困难。

这里的一个微妙之处，是我们所谓的"精神负担"，我们将其定义为一个人在60秒的节拍时间内必须做出决定的数量。如果在一个节拍时间的作业流程中需要做超过8~10个决定（这可能会因行业而异），就可能会产生差异。因此，我必须与团队成员一起紧密合作，并仔细检查工作中的所有决策点。

所有这一切的最大教训是，在持续改善的环境中完成工作时，必要的互相信任是多么的重要。你真正需要从一开始就理解，如果没有人们的支持，实施的成功率就会大大降低。因此，对我来说，了解他们的作业，了解改变如何影响他们，以及与团队成员间不断地交流非常重要。

我认为信任就像一张洁白无瑕的纸。如果我把那张纸揉成一团，然后想尽力将其抚平，它永远不会再是原来的那样。虽然我可能会尝试其他方法，例如用蒸气熨斗去烫平，但纸张上仍会残留一些折痕。我认为信任就是这个样子——如果没有从一开始就有一种牢固的相互信任和尊重的文化，人们之间就会蔓延出难以抚平的折痕。

我逐渐意识到，我需要对团队成员每天工作的所有作业环境负责。在TMMK，我们不希望让员工处于一种充满苦恼、无助的作业环境中，而是希望员工有能力并且有动力去挑战自己，与团队合作测试新想法，使他们的工作更有效率且更有效果。

这意味着作为领导者，我必须以身作则，并花很多时间公开挑战自己。我们的培训师通常将其称为同时领导和学习。这种做法让我们可以学习，但同时又要去教导他人。

也许你会问"如何同时领导和学习？我们不是必须先有答案吗？"我想这样说一下我的答案：不是从权力的位置领导，而是从赋能与授权的位置领导。

这意味着，当面对不确定的情况时，你可能必须诚实地对团队成员说"我不知道"。然后你可以说："让我们去现场观察并且一起去发现与学习。"起初，对许多人来说这样的做法可能会让你不舒服，因为人们已经设定老板总是有答案的，如果老板不知道，那么他或她不应该是老板，对吗？

事实证明，这里有一些"神话"。管理者担心如果他们承认自己不知道，就会失去员工对他们的尊重。但是对于员工来说，显而易见的是，管理者不可能知道所有答案，而且他们尊重那些有信心领导而不假装拥有所有答案的人。在TMMK，以及许多在持续改善文化方面真正获得成功的公司中，都充分证明了这一点。

## 避免大公司疾病

大卫·梅尔（David Meier）

### TMMK 前团队组长

"在丰田有个玩笑说，如果你取得了不错的成绩，你将获得大约两秒钟的荣耀，他们会说："好吧，干得好。但是，现在让我问你一百万个有关你所做工作的问题。"

对我而言，一开始很不习惯那样的做法，那很难，因为我当时在想："好吧，他们问我这些问题，我一定是哪里做错了。"因此，我会尽力预料到这一点，并在他们提出问题之前给他们解答，但这没有用，因为他们有无数的问题。

然而我们的状况是这样，我们达成了各种各样的目标，并获得了外界的赞誉，但是在内部，他们总是说："那太好了，但是我们必须继续前进。"我很快得知，他们最大的恐惧就是所谓的"大公司疾病"，这真是冷漠。丰田人担心我们会开始认为"我们很棒，我们是第一名，让我们轻松一下。"他们曾向我们讲述了一百万次乌龟和兔子的故事。

因此，管理层非常努力地应对这个问题。在每一次与日本来的人员举行的管理会议上，他们总是很不愿意承认，在将来的某个时候，我们将超越福特或通用汽车等而成为第一。我老实地说，他们真的不想成为第一。

## 3.3　丰田与超越

在生产部门工作10年之后，我面临一个非常艰难的决定。作为组长，我是第二班的工作，即下午5：15直到凌晨2：00，而在管理职位上比我高两级的埃尼每天都是正规班。如果我们都是时薪员工，那可能没什么问题，但是作为管理人员，我们俩都花了很多包括周末、正常班次以外的时间工作。结果，我们几乎很难见到对方。

与此同时，我越来越渴望帮助人们学习到我的培训师传授给我的教训。我"生活"在他们介绍给我的、更深刻的学习方式之中，并对此深信不疑，我想知道如何才能在这条路上走得更远。

对我个人而言，最理想的情况是进入人力资源培训和发展部门。但是，埃尼的团队是整个人力资源部门的一部分，可以理解的是，丰田对人员调动到其配偶已经是全职员工的部门有严格的指导方针。因此，进行这样的调动非常困难。

所以，埃尼和我认为最好的选择是放弃我现在的工作，转而从事承包商/顾问的职业。在这里，我可以分享我多年来积累的智慧和知识，并在潜在的不同背景下成为一名培训师。

当时我还不清楚事情会如何发展。我认为随着TMMK继续摆脱对日本培训师的依赖，美国丰田公司内部可能会有机会。同样，美国丰田也在迅速扩张，结果许多求职者都无法达到丰田设定的雇用标准。他们中的一些人打电话给TMMK人力资源部，问："我在哪里可以学到这些东西？"很显然，丰田在招聘过程中寻找的许多基本技能并未在任何地方被传授。

为了对此做出回应，经过与各方面团体的多次讨论，丰田开始与乔治城的斯科特县学校系统建立合作伙伴关系，以尝试将其中一些概念引入当地学校。它从一些夏季特别活动开始，在这些活动中，教师可以通过参与而获得专业发展学分。这是关于PDCA、解决问题和主持会议的基础教材，也就是我们的品管圈计划课程。

考虑到这一点，我开始学习并准备成为一名培训师。然后，在离开我的组长职位五个月后，我接到了TMMK人力资源部的电话，询问我是否有兴趣以兼职的方式，与一个小组合作在斯科特县学校系统中教授这些基本概念。我很高兴能去那里，开始分享我所学到的东西。

这是另一个脱离舒适区的挑战，坦白地说，我在最初的几周内一直很挣扎，想知道如何将制造汽车转化为课堂教学，以及如何与学校系统中的各级行政部门合作。但回顾过去，这是一个无价的机会，它帮助我理解如何将我在制造环境中所学习到的概念在非常不同的环境中呈现。

在最初阶段，该方案遇到了一些阻力，这可能是因为我们没有充分解释该方法的目的。一些教育者认为我们只是在为丰田招募人才，而我们对教育及其含义的了解却很少。但是有些老师，还有校长和学区主管们都非常支持我们，我们发现确实有一群乐于接受学习的听众。

丰田还真正地想学习如何将这些想法用于改善学校课程，并使我们未来的员工具备像丰田这样的公司所追求的核心竞争力。因此，他们对该计划进行了大量投资。在我开始此工作后不久，TMMK 提供了一些种子资金来建立一个名为"质量人员和组织中心（CQPO）"的组织，该中心至今仍在运作，"提供密集的演练与培训计划、规划和设计活动以及顾问服务，这些服务与整个丰田公司在全球范围内使用的精益系统和流程完全相联结。"

后来我成为 CQPO 的承包商，CQPO 与 TMMK 和更大的北美组织建立了合同关系，该组织后来被称为美国丰田工程与制造公司（TEMA）。不久，我在全州巡回，举行了各学校系统和不同年级的培训课程。这是另一个很棒的成长经历。我花了三年的时间，当将我在 TMMK 上学到的经验转换到我所习惯的环境之外时，我有了各种发现。我有很好的机会来教孩子、老师和行政人员，因此对于如何表达这些想法有了很多思考。当人们"明白了"并且突然得到启发时，这真的很令人兴奋。孩子们喜欢在团队中解决问题，在许多情况下，为他们准备的学习比以往更加有趣和互动。另外，我已经习惯了在人们面前讲话，并变得更加自在。

之后又到了另一个重要时刻。丰田公司将许多日本培训师调回他们在日本的职位时，它需要一种方法来保持 TPS 的完整性和本质。由于包括我在内的 CQPO 的一些承包商在担任 TMMK 的员工时都具有丰富的经验，因此雇用我们是合理的选择。CQPO 的执行董事迈克·侯赛斯（Mike Hoseus）也是很好的领导者，他是 TMMK 的前经理，后来与杰佛瑞·莱克（Jeff Liker）合著 *Toyota Culture*（《丰田文化》）。

我们从教授十年前学过的品管圈领导者课程开始。当时，人力资源部门正在将许多培训课程编纂成文，让我们参与进来以帮助开发课程。我们教导并帮助开发了用于班长的晋升前培训、职场沟通技巧、解决问题和其他主题的课程教材。此外，我们还帮助创建并教授了为期四周的组长课程，该课程在诸如冲突处理、小组沟通以及组长在解决问题中的作用等高阶领域进行了相当深入的探讨。

在丰田和学校之间来回穿梭非常令人兴奋。在 TMMK，所有文化元素都在空气之中，因此很多观点不需要太多解释。学校是不同的，实际上，你必须从一个不同的地方开始，以不同的想法来传授学习内容。

最初，我使用在 TMMK 成长时的许多术语，包括许多日语单词。后来，我学会了避免使用这些术语以及它们所伴随的首字母缩写词，并以通俗易懂的英语解释了这些概念是如何作用的。我发现说故事和举例说明非常有效，今天我仍然使用它们。

我还学会了说教师的语言。他们起初吓倒了我，但是一旦我学会了他们的一些术语和首字母缩写词，并且对他们要负责的事情有了更好的了解之后，我便开始对授课充满信心。这段经历使我想起了我对丰田环境的最初印象。人们有自己的风格、方法和做事的方式，就像各种学校系统所做的事情一样。因此，当我进入学校环境时，我已经习惯了这样一种想法，也就是我必须沉浸在他们的世界中，以了解如何最好地将知识传递给他们，就像今天我们与制造业以外的客户相处一样。

尽管都取得了一些进展，但有一个精益教育社群正在美国兴起。精益企业研究院（LEI）正在扩展其活动并开发其课程。我于2008年以独立顾问的身份加入LEI，并通过该组织开始为希望学习精益的公司提供课程。这是我又一次脱离舒适区——现在我正与约翰·舒克（John Shook）等人一起在"大联盟"工作。当我被邀请参加俄亥俄州立大学的卓越企业营运硕士（MBOE）计划，为彼得·沃德教授课程时，我才惊觉我在教学的领域中已经有所进展。

## 一个新的学习社群

约翰·舒克（John Shook）

精益企业研究院主席兼CEO

随着丰田汽车业务的发展在北美越来越受到关注，TPS变得如此受赞誉，以至于各地都向该公司提出了分享其专业知识的要求。但是，毫不奇怪，随着TPS越来越广为人知，误解也随之而来。

例如，准时化（Just in time）生产通常被描述为零库存策略，该策略将上游的库存从OEMs（原始设备制造商）转移到供应商那里，从而成为供应商的负担。品管圈逐渐成为一种时尚，非正式的团队致力于解决与其工作无关的琐碎问题，例如在哪里放置自动贩卖机。无论哪种情况，都是因为没有理解这些概念和实践的真正意图。

为满足许多支援要求并消除误解的特殊需要，出现了两个组织，一个是1992年在张富士夫先生的领导下成立的丰田汽车供应商支援中心（TSSC），旨在为希望采用TPS的北美公司提供支援。在丰田以外，作者兼学者詹姆斯·沃马克（James Womack）博士成立了精益企业研究院（LEI），它是一家非营利的出版、教育和研究机构。两者都与诸如特蕾西和埃尼的丰田毕业生合作，他们热衷于分享精益思想的细微琐碎之处。

当我继续沿着这条路走下去的时候，我发现自己正在与处于不同精益阶段的公司合作。我的一些第一批客户是通过我与 LEI 的合作而认识我的，并希望我与他们的员工一起发展精益文化。但是需要在我自己公司的招牌——Teaching Lean 下进行，我知道这完全取决于我。

正如我在之前提到的，许多人认为创造精益文化就像挥舞魔杖一样。也有许多培训师承诺在各个专业领域都将立竿见影。因此，我的任务不仅是提出一种截然不同的思维方式，还需要让我的学员了解到，他们的世界不会在一夜之间改变。

自从我 19 岁在丰田开启职业生涯以来，这个非常特殊的环境是我所知道的唯一世界。根据节拍时间工作、寻找异常情况、遵循各种标准、感知每一秒钟，并感觉它与真北（True North）的联结，这些都是我认为理所当然的事情。

例如，知道各种标准可以帮助我们，知道问题是我们的好朋友并帮助我们变得更好，知道一个班次有 27000 秒，我们必须使它们尽可能地增加价值，就像在背景音乐中有这样的声音小声地说："这里有些异常，我们必须永不懈怠地去解决它。"

最初，令我惊讶的是，绝大多数公司对于以上这些情况都认为是"不正常"。曾有过这么一个惊奇时刻，当我向一群人教授解决问题的课程时，学员在澄清问题的步骤上遇到了麻烦。我告诉他们考虑"真北"，以及他们工作的目的。他们问我："你所说的目的是什么意思？"，这让我感到困惑。我的客户现在已经是我的私人朋友，他仍然记得当时我脸上震惊与困惑的表情。

随着经验的积累，我开始拼凑基本的文化概念，这些概念是 TMMK 的培训师从一开始就传授给我们，但在大多数组织中却都缺乏的。一开始很难——因为这些想法是 TMMK "空气"的一部分，并且根深蒂固于我们的日常工作、个人习惯以及与同事的互动之中。但是，在我讲授的课程中，通过听取数百名参与者的评论和问题，我在埃尼的帮助下，开始了解丰田汽车与其他汽车公司有所区别的基本思想。了解得越多，就越明白我们该如何帮助这些不同的组织，以缩小只应用精益工具与会采用工具背后思维之间的差距。

本书——亲民方程式，是我们学习之旅的结果。我们将在第二部分中对此进行详细讨论。

# 第二部分

# 一个思维系统的要素

"去看看，问为什么，表示尊重。"

——福沃·乔伊

# 第 4 章

# 纪律与责任：持续改善思维的关键

随着我在帮助其他公司改善工作方面的发展，我面临着一个重大挑战：我该如何传授在丰田成功实施的方法背后的思想？我知道丰田培训师精心传授给我们的智慧，对于我们在那里创造的成果至关重要。随着时间的流逝，这样的思考和行为更内化到我们所有人，从根本上改变了我们的工作方式，以及我们和组织中各层级人员的互动方式。

然而，当我成立教学精益公司（Teaching Lean Inc.）时，丰田生产方式作为独立的工具已经非常流行，不过，往往很少或根本没有参考资料会提到支持这种方式的丰田文化，于是我思考着我该如何填补这一空白。

埃尼和我开始着手就这一点分享一些想法。2013年，当他从丰田退休时，他加入了我的公司，成为我在教学精益公司的全职伙伴。

当然，没有人能真正"教导"智慧——你能做的，就是在他们通过实践、直接观察、反思及尝试错误而获得智慧的时候引导他们，把这个想法放在心上。埃尼和我开始思考，能够帮助学员吸收曾带领我们成功的关键思想的基本原则是什么？我们花费10年时间和数千个课时来开发的亲民方程式（the Engagement Equation）是我们反思的结果。

亲民方程式的最终结果，我们称它为 DNA——是纪律（Discipline）、和（and）、问责制（Accountability）的缩写。此处 DNA 类似于生物学的 DNA，它代表定义一个个体特征的遗传密码。当使用"DNA"来描述企业文化的元素时，我们认为文化是每位员工对于要如何做事、内心和想法的总和。因此，这个方程式是一个能将职场文化背后的思想一次灌输给每一位员工的工具。

当然，我们所说的 DNA 涉及的层面相当广泛，它包含团队合作、尊重、安全、标准，以及持续改善你的工作流程之承诺。我们从来没有假设这个方程式会提供任何简单的答案。实际上，正如你将看到的，DNA 呼吁所有的人——不论是团队成员还是 CEO，都去追求超越他们自认为能力所及范围的目标。

> **它不只是工具**
>
> 布雷特·金德勒（Bret Kindler）
>
> 铁姆肯公司前企业精益专家
>
> 特蕾西和埃尼的问题解决工作坊最大的不同之处是他们强调文化。
>
> 这个想法是，你若没有经过训练指导，你将无法解决问题。你不能只是将工具丢给某人并且说："去做吧"，问题解决不是这样做的。问题解决必须是你生活的一部分，是你做事的一部分。因此，它实际上就是培育人员的工具，而且远超过其他的一切。这部分是真正让人们说："哇，这与我先前所想象的有很大不同"的部分，这就是我们能够做到超出我们预期的原因。

## 4.1 持续改善是新的常态

在竞争激烈的市场中，公司必须不断地进化。如果像苹果这样的公司只想着保持其市场占有率，就必须一直做创新，但如果它要真正增加市场占有率，它还必须走得更快。

当苹果推出第一款 iPhone 时，市场上还没有类似的产品，但现在来看一下，有各种各样的竞争产品正让苹果陷入苦战。因此，随着市场的发展，苹果公司的人们一直在问："我们应该如何改善以使自己比竞争对手更好？"

当我们在 TMMK 工作期间，丰田很迅速地获得市场占有率，尤其是在北美。当时，我们一直在寻找改善产品的方法。想象一下，如果丰田一直保持不变，成天在 KPI 管理板上庆祝成功，丰田将会是什么样子？如果丰田直到今天还在生产 1988 年款式的凯美瑞，面对期待花哨功能与配件的顾客，它在当今市场上能卖多少钱？大概仍停留在 1988 年传统手机的水平吧！

市场总是想要一些新的功能，例如，想要加热座椅、语音控制技术、停车辅助系统、倒车影像和盲点侦测系统，等等。但是，你知道吗，其实市场并不想支付更多费用，因此，凯美瑞和卡罗拉（Corolla）经过了这些年的发展，价格并没有涨很多，但事实上丰田在不加价的情况下，已在附加功能上增加了许多的价值。

当然，丰田也做了类似苹果的创新跃进。当 1999 年推出普锐斯（Prius）时，它就和 iPhone 一样，是全球第一个。今天，油电混合汽车已经不是什么新鲜事了，但是没人能靠近并赶上丰田，这是因为丰田人一直在思考："我们要如何才能使这些变得更好，并以更少的钱提供更多的价值？"这些问题是 DNA 的一部分，都在我们每一个人的心中，就像我们会持续努力改善我们的作业流程一般。

## 4.2 创造更好的价值

当你从最高层次上看，这里只有两件事是我们可以为顾客提高和创造价值的：

1. 以更少的工时进行相同分量的作业。
2. 以相同的工时做更多的增值作业。

中间可能会有一些细微差别，不过基本上就是这样。

上述两件事的改善都不会有限制，因为随着目标不断地实现，并提高标准，它们会永远持续下去。当我们刚开始在 TMMK 工作时，我们需要花费几天时间来转换生产线以应对新车型的量产，当时，我们必须停止生产线，移出并移进合适的流动料架，然后才开始生产新的车型。

现在的状况又是如何呢？平均而言，转换车型生产只需要 5~10 分钟，是的，是只需几分钟，转换所需的时间取决于生产线的配置、混流的车型或工厂之间的差异等因素。在 TMMK，生产线经常同时生产三或四个车型，其中总会有一个车型需要进行小部分或重要的变更，这就需要不断地进行 PDCA 思考。

思考一下，转换生产线的时间从几天降到几分钟！无论你查看的是可额外生产多少汽车、可获取多少额外利润，还是每个员工可提升多少生产率，这些原本都需要很多资源才办得到。关键之处在于，当我们将精力花费在减少转换汽车制造的时间上，而不是在实际制造汽车的时间上时，我们释放出了额外资源，可使每一辆汽车更有价值或降低成本，最后不仅让公司受益，也可让顾客受益。

但当培训师将生产线转换时间缩短到以分钟计的时候，你认为他们会说什么？你认为他们会摸摸鼻子，觉得那样就足够了吗？这是绝对不可能的。丰田可能是世界上最成功的汽车制造商之一，但我们可以向你保证，培训师在达到 60 秒的节拍时间时，所说的第一句话是："如果顾客需要我们生产更多，我们能用更短的节拍时间来达成吗？"

无论前一天完成什么工作，每天都要有紧迫感。每一天持续改善的想法对我们的业务至关重要。我们将其定义为 E3——每个人每天都参与（Everybody Everyday Engaged）——我们将在第三部分对此进行详细讨论。

当然，这些听起来全都令人感到筋疲力尽，当我们在研讨会上谈论这一点时，有很多人举手表示关注。在最近的一次工作坊中，一位参与者提出了以下问题："丰田是如何应对这种来自不断提高标准的潜在疲劳感的？而且直到我们前往下一个目标之前，是永远不会真正达到终点的循环，这不会造成挫败感吗？"

我解释说，尽管对参与的领导者和人员而言，持续不断的改善需求可能在一开始的时候令人却步，但实际上，一旦这种持续改善的思维成为一种有条件的规范时，挫败感和焦虑感就会减少。这里的思想是，如果我能持续地解决问题、决定对策、改善流程，并设定标准，那么公司就会有更大的机会达到长期的永续和成长，进而增强它提供长期雇用的能力。总结下来就是：

解决问题＝就业保障

因此，我们开玩笑地对这些来学习的公司说："如果不是为了解决这些问题，那么你的公司实际上会需要多少人呢？"这的确会让你陷入思考，这是采用解决问题心态模式的强大动力。

实际上，这正是能让人每天来上班时，感到自己是被赋予能力来做事的激励手段。心理学家曾一直在告诉我们：当人们不了解他们工作背后的目的时，你才需要担心疲劳、士气低落，以及推动改善文化的困难。

---

**培育领导者的课程计划**

彼得·沃德（Peter Ward）
俄亥俄州立大学卓越运营中心主任兼管理科学教授

我们从事卓越营运的教学已超过20年的时间，在过去的9年中，我们提供卓越营运的硕士学位。在我们的课程计划中，有来自不同国家、不同产业、不同背景的学生，其中包含服务业、健康看护产业，以及制造业。

在我们课程的第一次课堂聚会中，每个学生都会带来一个重大的问题，他们将用一整年的时间来努力解决这个问题。特蕾西和埃尼通过讨论问题，以及从如何思考问题、分解问题和理解问题的角度处理具体问题来展开课程计划。每次我们聚在一起时，的确让我们在尝试问题解决的立足点上站稳了脚跟。

---

## 4.3　每一秒的价值

您可以从到目前为止的内容中了解到，在我们的环境中，对标准的深切尊重是一件必然的事。在这里，时间是精髓，当我们开始运营 TMMK 时，它反映在强制的 TMMK 出勤政策里。

回忆我刚成为团队的新成员时，我从自己痛苦的经验中学习到了这一点。有一天，我到达所属的流程时迟到了30秒。我在入职培训时就知道第一班的开始与结束的时间，也知道准时的重要性。但我当时还是认为就算是迟到了几秒钟，还是可以被通融的吧。

当天稍晚的时候，我被要求和我的组长面谈，讨论该怎么弥补我所浪费的时间，当时我感到有点惊讶。在我们的讨论中组长提醒我，为了确保预期的质量与生产力能达标，班长须支援超过一半以上我的作业流程。尽管我只是很短暂的缺席，但我的缺席还是引起我的班长采取必要的行动。

就如我的团队成员们一样，我很快地内化了准时这件事，并养成准时到达作业流程的习惯，完整地穿戴好个人防护装备。除此之外，我决心达成完美的出勤率，如同因此会有很多奖励一般。

现在，当我与其他不了解丰田文化的人分享这个故事时，许多人会很快地下一个结论：丰田的政策无感于员工的感受，并且过度僵化于标准。很多人习惯性地认为："谁会在乎我迟到了30秒？即便我迟到30分钟，对事情也不会有太大的区别。"我会在当天稍晚将时间补足，或隔天早一点到公司来把事情做完。

这里的关键是TMMK的每一个团队成员在达成整体产出上，都扮演着至关重要的角色，每一秒都是很重要的。对每一秒钟的尊重并不是你可以在方便的时候打开和关闭的东西，你真的必须不辜负创造它们时的期望。如同我们将看到的，时间观念是我们所说的DNA中的一个重要部分。

因此，出勤政策与更深层次的目的有关。这里隐含的信息是："特蕾西，你是我们塑胶成型团队的贡献者，该团队确保了能够满足内部顾客的装配部门的所有期望。我们需要你的贡献，因为这样我们才能为获得外部顾客的满意微笑而奠定基础。"

能否获得外部顾客的满意取决于TMMK内部各个职能部门的人员是否能理解自己在"从订单到顾客"价值流里的角色。当你真正去拥抱一秒钟时间的意义和它所演绎出来的成本时，这就是通往目的的正确路径。

正如丰田英二在《丰田模式》中所说："人是公司最重要的资产，也是决定一个组织兴衰的重要因素。"从这个角度来看，出勤政策重视每一个人对组织的真正价值。当你想起TMMK对我们的投资到底有多大时，就不会怀疑它对这种思考方式的坚持。

让我们暂时回到那30秒，还记得我们把换模时间从几天缩短到几分钟的历程吗？

这是另外一个例子。当我们开始在TMMK工作的时候，我们的期望是每60秒就能够送一辆新车下线，我们当时认为这个节拍已令人难以置信了——在那个早期，哪怕是65秒都几乎是不可能的——但没有想到在几年后，节拍时间的标准已降到了53秒。

这些都是真实的在每一次改善当中，通过一秒一秒递减而达到的，并且，每个员工都贡献了自己的想法来让我们前进。我们的培训师告诉我们，改善的关键并不是每一次都试着要打出全垒打，而是要打出大量的安打，并找到减少错误和避免重复犯错的方法。同时，这也是每天都要寻找改善的方法，这是丰田达成惊人成果的核心原因。

在第一批培训我的培训师中，有一位用以下的方法来解释持续改善：他挑战我们去观察并发现工序中的一秒钟浪费。起初这对我来说似乎是个玩笑，但我很快意识到没有人在笑。我们仪表板团队成员彼此用疑惑的眼神互看了一眼，很多人心想："一秒钟真的重要到让我们花费时间去寻找它吗？"我们觉得我们可以更聪明地使用我们的时间——那真是一个聪明的假设！

我们的培训师感受到我们的困惑，他说："让我来解释一下一秒钟对这家公司（TMMK）的重要性。"于是我们全部围绕着工程旁的挂图板，他开始写下几个数字，并解释：如果整个工厂的每个团队成员，不是只有我们仪表板团队，都能节省一秒钟的时间，那么累积节省下来的时间就能让我们在一个班的时间里多生产8辆凯美瑞。

我心中猜想："这怎么可能？"但当你考虑了所有的变量——员工人数、工程数量、每个周期时间的秒数，等等——并进行计算，每一班的确可以多生产8辆凯美瑞。

我不清楚这对利润具体上会有怎样的影响，但你可以想象得出来，在不增加额外投资的情况下，每班多生产8辆汽车将为公司带来显著的变化。而且它对以下问题给出明确的答案："是的！""我每天所做的事情对公司的整体产出是那么重要的吗？"这个信息非常有分量，它在帮助我们内化"我们的作业是多么重要"的想法。

令人振奋的是，TMMK把持续改善的任务交到员工手上是赋予每一位员工重大责任——从本质上来说，TMMK把宝贵时间的价值托付给我们，这些时间累积起来，可以为公司和我们的顾客带来巨大的利益。

这加强了我们对DNA的认识，也强化我们对"去思考"的承诺。"去思考"是我们当时使用的一句话，现在已经印在我们名片的背面。是的，它表明了迟到30秒确实会有所不同。

## 4.4 标准的意义

大野耐一教导我们，没有标准就无法改善。我喜欢将标准视为在特定的时候所知道的最好的明文方式，而且我们都同意，在改善标准之前，它是最可靠的方法。一旦完成了改善，每位员工就必须维持该标准。在丰田的众多标准当中，准时出勤是大家唯一被期待要去遵循的。

整体来看，60秒的标准，背后代表的是数千个局部标准的总和。我们有流程中每一部分以秒计算要花费多少时间的标准，我们有安全性、质量、人体工学和精神上负担的标准，我们有如何握持工具的标准，我们有作为领导者如何审查每个流程中每个人的标准，我们也有如何和团队中每个成员互动的标准。事实上，我们需要内化的标准数量足够说明我们对 DNA 的特殊承诺。

现在，很重要的是在这里点出"标准的目的并不只是把汽车做得更快"。TMMK 也同样关切避免为员工带来压力和单调乏味。为此，大野耐一也说："为什么不让作业变得更容易和更有趣呢？这样人们就不用再流汗了？"丰田的风格并不是要更努力地作业来改善结果，正如戴明所提到的："是要更聪明地工作"，上述的范例向我们传递一种思维方式："人们在改善他们的流程时，具有无限的创造力！"我们也许会说，人们不是每天到丰田工作，而是到那里思考。同样，我们想把丰田视为一个以培养人才为优先的公司，只是它刚好是制造汽车的公司而已！

## 4.5 超速 8 英里可被接受，但超速 9 英里就违规了

从心理学的角度来看，我们和标准之间有一定的复杂关系。让我们来看一个我们都熟悉的范例——开车时的速度限制。

你行驶的每条道路都会有速度限制，即便是在没有限速标志的小路上，也必须遵守规定的速度限制。但是，人们在某些时候超速已是常态，有时候是知情状态下违规，有时候是不自觉地违规，也许我们只是着急、没有注意到、或者是"等等，这区域变了，限速下降了。"但是，法律的规定并不存在模糊空间，而在我们的系统中，不可用不知道法律为借口。

当然，设定限速的目的是为了确保道路安全。问题是，我们可能会觉得限速标准对道路安全来说太过于严格了，因此，我们会弄清楚限速，以及怎么做可以不受到惩罚，如此一来，即便我们每小时的时速快了几英里，执法部门大概也不会刻意打扰。在肯塔基州，我们经常听到以下说法："超速 8 英里可被接受，但超速 9 英里就违规了！"

人们倾向于根据这种期望来设立自己的标准——也许他们将定速系统设定在限速以上 8 英里，也或许他们因此会冒一点风险——路上不一定会有足够的警察来处罚每一个超速的人。因此，这时候是否要遵循标准真的是取决于个人的选择。

现在让我们从另一个角度来看这个问题。假设你所在的州或省通过了零容忍政策，例如，如果警察发现你的时速超过限速 1 英里，你就会被吊销驾驶执照的话，你的行为将会很快地改变。人们将会非常小心，没有人会用每小时快 15 英里的速度来超越你，不论有没有看到警察，你都不会冒险超速。

当我们反思法律或标准设立的目的时，我们通常会同样地尊重它们。例

如，我们都知道当开车进入建筑区域，限速从每小时 60 英里下降到每小时 45 英里时，我们会感到沮丧。但是，如果我们稍微考量一下那些在巷道边工作的建筑工人，以及等待他们安全回家的家人时，每小时 45 英里限速的意义就大不相同了。

以上这些都说明了我们和标准之间的关系，以及这关系背后的做事心态。在丰田有一种根深蒂固的想法，就是无论是准时上班，或者是每天必须要维持的任何的其他标准，标准是所有员工都必须要承诺遵守的，这已不是个人选择的问题。

此外，我们和标准背后的"为什么"有着深刻的联结，而如何实现这个目的则取决于我们所有人。对我们来说，一个不断提醒我们的事实是，在丰田生产系统中若偏离标准的话，可能会导致生产线停止。于是，正是因为每位员工会持续地意识到他的那一部分标准，才使得工厂能够保持正常运转。

当然，培训师或管理者是没有办法强制我们执行所有我们必须遵循的标准，这把我们带往另一个重要的点上：在没有人看到时，DNA 就是人们的行为方式。

因此，DNA 必须被学习、吸收、生存和有气息，它是一种持续存在的意识，它已内化到每个人心中，让人甚至不必思考也会实行。即便到了今天，埃尼和我从来没有失去这种遵循标准的行为模式，我们也将它带回家。若你有机会来到我们位于佛罗里达州奥蒙德海滩的房子，你会看到处处都是标准化，而那是我们准备饭菜、使用看板系统处理杂货、组织工作和生活区域的方式，甚至我们的猫都知道我们的标准代表什么，它也有自己的标准！

人们经常问我们："你们如何在如此严峻的环境中生存？"我们回答，获取 DNA 有点像是在健身房锻炼身体，刚开始时很难，但是，当你实践一段时间后，它便成为你日常惯行的一部分，很快地，你会开始享受到它的好处。最终，DNA 让每个人去上班就像是一个团队朝着共同的真北努力——一个真正值得实践的"健身目标"。

## 4.6　促进改变的标准

如同我们所呈现的，TMMK 的环境持续在变化，不论是作业流程上的小调整，还是参与重大换模，我们都被训练得要积极地参与这些改变。

作为问题的解决者和改变的推动者，很重要的是在进行改变时，我们应遵循标准程序，这样可以让所有受到影响的人都有共同的理解。因此，让每个人了解并内化解决问题的通用方法，对于 TMMK 的人员培养至关重要。基本上，这包含了以身作则的行动案例辅导和教学，这些行动符合 PDCA 的思维模式，并支持公司发展的"真北"方向。

通常，在现场所遭遇到的小问题可以通过简化的PDCA思维在现场解决。然而，有时候改变会影响多个利益相关者，这意味着有一批人必须了解所提出的改变，并提供意见和支持。为此，我们有一个标准流程来记录改变的过程，这样可以让受到影响的每一个人有一样的想法。

我们所使用的方法称为A3，以平时写报告用的 11in×17in 的 A3 纸（A4 纸的两倍大）来命名。

A3 方法遵循我们内部使用的 8 步骤问题解决流程，该流程很接近 PDCA 规范的内容（图 4.1）。

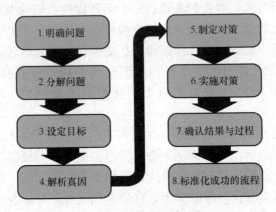

图 4.1　A3 问题解决流程

这 8 个步骤是基于 PDCA 的原理展开的，并建立了一系列有力的行动措施，以确保 PDCA 背后的科学纪律在整个过程中被适当地遵守。这 8 个步骤规定了某些行动，但更重要的是它们反映了一种实现丰田价值的核心思维方式。

这 8 步骤问题解决流程在 21 世纪初期被称为丰田企业实务（TBP），在我们的领导人张富士夫的督导之下，TBP 三十多年中经历了相当大的改善。尽管在我担任班长时，我所在地区尚未使用书面的 TBP 形式，但老实说，我是随着这些想法的发展而成长的，而且很幸运地，在我担任丰田学院认证的培训师的时候，能够从原创者身上学到 TBP 背后的智慧。

这 8 个步骤显示了相应的 PDCA 步骤，分别是：

1) 明确问题（P）。
2) 分解问题（P）。
3) 设定目标（P）。
4) 解析真因（P）。
5) 制定对策（P）。

6）实施对策（D）。

7）确认结果与过程（C）。

8）标准化成功的流程（A）。

当我们依照 PDCA 循环执行这 8 个步骤时，我们会使用 A3 来做成一份报告，以方便其他人能轻松地看到并理解。这种"标准化的说故事"形式，在任何实践 PDCA 思维的文化中都是关键，它也可以成为一种吸引和赋予领导者与一线员工能力的有力工具。此外，A3 可以贯穿所有的职能孤岛，成为成功精益转型的共同语言。我喜欢称 A3 为"精益沟通"，或者是"信息的 5S"，而可让你能和他人分享你的想法，人们不需要知道你为了达到目的所做的每一件事，他们只需要知道达到目的关键点，以及这些点的步骤、逻辑和它们背后的意义。

这 8 个步骤也显示了我们花费多少时间在做规划。我的培训师曾经说过，如果有一个项目需要 12 个月来执行，那我们需要用 9 个月来进行规划，3 个月来实施。他开玩笑地说道，别的公司通常是反过来做的，他们只花费 3 个月进行规划，但却有一个非常挫折的 9 个月，还包含大量返工才得以完成。培训师鼓励我们永远要把时间花在规划上，并按照 8 步骤问题解决流程来实践，这往往是一个项目能否为组织增加价值的决定性因素。

一般 A3 格式可以应用于许多情况，我们有解决问题 A3、改善 A3，以及策略 A3，相同的方法可以应用于组织的各个层级。然而，无论项目的范围是什么，我们从未遗漏我们最优先要做的事——培育人才。

A3 的主要目标是"分享智慧（他人的思维）"，借以培养具有共同视角的人，而学习始终是我们在工作上使用 A3 时的首要之务。此外，在执行 A3 的过程当中，我们会使用一个称为"接球"的流程，也就是 A3 可以让管理者和员工根据自己的观点提出见解，且在彼此之间来回传递、沟通。当项目完成后，这张 A3 就是经验传承和改善过程的书面记录，接着我们会和其他受到影响的部门分享这个想法，从而让该 A3 的想法得以协助他人进行流程的改善。在公司内部，这被称为"横向展开（Yokoten）"，而这个期望也被内建在 TBP 流程的第 8 个步骤中。

也许这里最重要的观点正是 A3 纸张背后的思维，而并不是 A3 纸张，甚至是该份报告内容本身。写 A3 报告绝不只是透过填写内容方块表格的结果，无论他们在组织中的角色和职能是什么，透过它，我们都可以有效地验证改善思维，在这个过程中，A3 也验证了我们是否对自己和同仁提出了适当的问题，是否对所有参与的人员表示了应有的尊重。

然而，如同前文所提到的，并非所有项目都需要写 A3 报告。正如我们先前所讨论的，持续改善是一场大部分是安打，偶尔会有全垒打的比赛。至于是否要写 A3 我们将根据问题的严重性、涉及的利害关系人数量、所需要的资源，以及潜在的学习机会等因素来决定。

在若干年的实践问题解决的经验下，我已能在 70% 的状况下，真正知道自己该做什么和该问什么问题。因此，在很多时候，我并没有使用书面 A3，但即便如此，我还是自然地依照 A3 的思路去落实问题解决。若我的上级领导要求我写 A3，那通常是为了要和他人分享我解决问题的智慧和思维而撰写。

我们都自然地认为问题解决是必不可少的。然而，当企业效仿丰田时，他们往往会实施这些步骤，但却没有思考让这些步骤发挥作用的想法。因此，在许多组织中，A3 只不过是一张人们填写的表格，8 个步骤作为选项供勾选，而不是真实思想的反省。有些组织甚至为各部门制定 A3 数量配额，对于报告背后的增值思维，却口惠而实不至。

## 4.7 亲民方程式

我们今日的毕生事业是将丰田独特的思想带入培训室、会议或现场的日常运作来填补关键的落差。我们开发了亲民方程式——GTS6+E3=DNA，来帮助学员掌握和内化工作环境中与日常工作里所需要的文化概念，在这个文化中，持续寻求改善、解决问题，尤其是培养我们最重要的资产——人才，都是我们每一位员工的工作。

当人们看到我们在导入一个方程式时，他们可能会断定这是在"挥动魔杖"。事实上，这绝不是那么一回事！正如你在这本书的第一部所看到的，我们只是凭着难以置信的努力工作和被挑战去做我们从未相信自己能做到的事情，而在 TMMK 共同取得了成功。因此，从许多方面来说，这个方程式是在提醒我们每天要以这种方式来面对每天将遇到的许多挑战。

这个基本思想适用于组织的各个层面，无论是做行政决策的 CEO，或者是改善车间工序的时薪员工。这个思想的多用途性反映了 DNA 的真正含义，以及我们在丰田被传授的课程背后的精神。它解释了一家来自日本的公司如何能将来自肯塔基州农村的 8000 名工人塑造成一个由 8000 名问题解决者组成的团队，并在投产仅一年半之后，共同赢得 J. D. Power 金工厂奖。

我们花了大约 10 年的时间反复试验开发出了这个方程式。我们通过数百名参与者的反馈对它进行了精炼，他们勉励我们提供有助于内化所学的方法。这个方程式并不完美，但它已被证实是一种准确有效的工具，能帮助个人和组织吸收我们在 TMMK 多年以来获得的文化元素。

让我们来看这个方程式：GTS6+E3=DNA

这个方程式代表我们必须做什么才能在整个组织中逐渐渗透 DNA 的想法。GTS 代表问题解决的每一个要素，GTS6 代表一起工作的六个不同的 GTS 缩写，如下：

- 到现场观察（Go to See）：离开你的办公桌，与其依赖会议室中的会议，不如查明真正在现场发生的事情。针对浪费和当下不明显的问题培养敏锐的眼光，聆听你的员工告诉你什么，总是质疑你的假设，当你观察现场的时候，要始终牢记目的。

- 掌握现状（Grasp the Situation）：收集真正发生与应该发生事情之间有差距的事实，并以科学的方式决定要如何精准地量测这个差距，提出能揭露事实的问题，而不是提出意见看法，将问题分解为可被管理的要素。

- 找到解决方案（Get to Solution）：确定真因并制订消除问题的行动计划，确保计划探讨了所有的事实，并且没有直接跳到结论，在所有利益相关者之间取得共识，当你实施计划时，维持共识和完整的沟通。

- 进行标准化（Get to Standardization）：制定作业标准，因此，成功的实践能在整个组织中被普遍采用。确保此标准可被正确地传达、理解和遵守，并按照其执行。

- 实现可持续性（Get to Sustainability）：确保解决方案的成效能维持稳定，仔细审查结果以确保它们不会退回到旧的模式。使用领先指标来找出可能破坏流程稳定或使其过时的任何因素。

- 再度延伸（Get to Stretch）：提高标准并重新开始，记住，持续改善是必不可少的。

- 在接下来的章节中，我们将在问题解决过程的脉络下，详细检视所有六个 GTS。在这里，区分出想法和方法是很重要的，8 步骤问题解决流程或 PDCA 是解决特定问题的方法，通过这些步骤取得进展是每个问题解决者必须走的"道路"。

另一方面，GTS6 代表在我们完成所有步骤的过程中，需要持有的心态。这些心态会在不同阶段出现，且会重复出现，同时，随着问题解决的过程而加剧并涉及更多的人，并让更多的 GTS 心态发挥作用，这些都将在接下来的章节中变得更加清晰。

E3，方程式中的其他元素，代表每个人每天都参与（Everybody Everyday Engaged）。它表示领导者必须让每位员工参与 GTS6，使 GTS6 思维成为整个组织的生活方式。它代表让员工参与进来的领导者的标准化工作，如此一来，所有人都能理解和应用这种思维。

当我们讨论到领导者在组织中的角色时，我们会在第三部分详细讨论 E3。

因此，简而言之，亲民方程式的想法就是每个人都必须参与，GTS6+E3 是过程，而 DNA 是结果。

> ### 驱动我们的方程式
>
> 谭雅·道尔（Tanya Doyle）
>
> 精益文化教练
>
> 我把那个亲民方程式贴在我办公桌边的墙上，它每天都驱动着我。它驱使我离开办公室，去观察现场，掌握现状，找到解决方案等方程式提到的观念。我一天会好几次指着墙上的方程式对大家说："伙伴们，这就是成功的 DNA。"它就像："嘿，注意，它就是这么简单，真的就这么简单。"在我看来，这是一个极佳的公式，它就是有效。

我们将在这里结束这一章节，并提出一些注意事项。首先，看到这个方程式的整体性是很关键的，它像任何方程式一样，方程式中的各个元素不能因为时间或结果而被绕道，而且，你能从这个过程中得到多少，意味着你愿意为此投入多少。

再一次，我们不认为这会很容易。学习方程式中的概念需要所有参与者的主动性，我们可以保证挫折会是学习过程的一部分，有些步骤在一开始的时候是违背直觉的，若缺乏大量的练习，是不会产生意义的。我们要提醒，实践这个方程式就像去健身房的头几次经验一样，但它也和健身一样，努力是值得的，而且，从长远来看，付出的努力终将得到回报。

让我们开始工作吧。

# 第 5 章

# 到现场观察

从前,有一家汽车制造商叫作可靠汽车制造公司(Reliable Motor Manufacturing)。这家公司在质量优良上享有极高的声誉。它贴近地实践丰田生产系统,并受到当地最好的精益顾问指导。该公司的制造副总裁克莱顿(Clayton)是忠实的精益支持者,也是真正的仆人式领导者。可靠汽车制造被认为是精益生产的成功典范,人们会千里迢迢来到工厂参观。

在获得成功的几年之后,克莱顿开始感觉到可靠汽车并非一切都那么顺遂。不知道为什么,持续改善和解决问题的能量和过去几年相比,已大不如前。员工们已具备改善应有的工具,也接受应有的培训了,但是工作的氛围好像缺失了什么。克莱顿咨询他的精益领导们,他们也认同公司的文化里的确缺乏某些东西,但是他们也无法确切地指出究竟是什么。克莱顿了解到,要解决这个问题,他必须亲自参与。

现在,有一位和克莱顿住在同一个城镇里,在精益领域中为人所熟知且睿智的导师,他叫卡丹·布罗迪(Kadan Brody),曾经和他一起工作的人都称他为布罗迪先生(Brody-san)。大家除了知道布罗迪先生对于丰田生产系统有着很深的了解之外,对这位知名的精益导师的了解很少,他更喜欢将"丰田生产系统"称为"思考生产系统",事实上,布罗迪先生对丰田文化的深厚了解令即便在丰田工作多年的人都感到相当惊讶。

在团队的鼓励下,克莱顿去见了睿智的布罗迪先生,并向他详细介绍了自己的公司。布罗迪先生耐心地听完克莱顿要说的一切,他和克莱顿曾经遇到的管理顾问不同,似乎并不急着给出答案。当克莱顿说完公司的状况后,他询问布罗迪先生:"我们使用了丰田的所有方法,也做了精益专家们要求我的每一件事来支持持续改善,但我们似乎正在失去我们努力创造的改善动能。我听说您了解丰田文化 DNA 背后的思维,我是否能聘请您到我们公司并修复我们的文化呢?"

布罗迪先生沉默了很长时间,回答:"我无法修复你的文化。"他说:"我希望我真有那么好并能做得到,但我所能做的就是和你合作,帮助你发展公司的文化，那将需要你和你的全体员工付出很多努力。"

克莱顿感到不耐烦，但他也足够聪明，不会期望立即得到答案，他说："我和我的团队已做好一切准备，我们会全力以赴。"

布罗迪先生说："很好，我会试着帮助你，但是有两个条件，首先，你要开诚布公地和我分享信息，并允许我能自由地和你的员工互动。""同意。"克莱顿毫不犹豫地答应。"第二，你必须接受一种不同的思维方式，那将改变你与员工之间的互动。"布罗迪先生补充道。

克莱顿知道最好的精益老师需要这个，而且，他已经准备好了。于是他说："好的，我已经和我的团队讨论了，我们所有人都将在这里学习和吸收您的智慧。"布罗迪先生说："很好，我将在星期一早上第一班之前到你的办公室，顺带一提，由于我们未来将密切合作，所以请叫我布罗迪先生。"

现在，克莱顿还不习惯凌晨4：30起床，即便他身为制造部门的副总裁，且每天有累垮人的工作日程，但克莱顿很高兴能邀请布罗迪先生进入他的公司，因此，他同意周一上午6：00和布罗迪先生碰面。

克莱顿说："我将会为您备妥一切。我会让人事部门整理出我们员工意见调查的所有报告。我也将指示信息部门，让您能够查看我们所有的制造数据和财务信息。"

"我现在并不需要任何你说的信息。"布罗迪先生说道："在我们做任何事情之前，我们必须先了解关于公司文化的一些事实，为此，我们必须一起到现场去观察。"

## 5.1 早期的学习

在我早期担任班长的时候，我注意到我的培训师通过短暂的现场观察就能看到我工序中的浪费，而这些浪费是我数周都还未能注意到的。起初，我认为他们天生就具有看见浪费或异常的能力。后来我才了解到，他们必须经过跟我们一样的努力才能获得此技能，因此，他们可以理解我们正在经历着什么。

事实上，当我们的培训师来到我们的现场时，他的首要工作是传授这种深入观察我们面前事物的奇妙技能。如同张富士夫先生常说的："身为一个领导者，与下一代分享智慧是你的责任"，如今，我真切地感受到我的培训师践行了这句话的精神，而我也有责任传承下去。

在TMMK时，我们并未得到如何做现地现物观察的书面指导文件，也没有花哨的名字去形容它，在我们逐渐熟练于作为个人或是一家公司的角色的过程中，我们不断领导员工，同时也在学习。然而，非常清楚的是，"到现场观察"帮助我们分辨出真实与假设，为正确构建我们的问题铺平了道路，我们将在下一章了解这一点。

我们早期到现场观察的学习开始于公司的初创阶段，甚至在可销售的汽车下线之前就开始了。如前面描述的，我在塑胶部门生产仪表板，至于埃尼，他在不同的背景下接受相同的教导，他当时在传动部门装配汽车底盘的车轴。

关于仪表板的制造，我们必须为空调、收音机，以及在方向机柱上各式各样的零件开孔，而且规范相当严格，我们也必须清除切割过程所产生的刺屑和其他残留物，称之为去毛边。

有时候我们感到疑惑："为什么规范要这么严格呢？"因此，我们开始向培训师提出问题，培训师当下表示："现在是时候到现场观察学习了！"于是，培训师们一次带着两个人，跟着我们所完成的仪表板，循迹仪表板的"日常生活"。我们在现场看到仪表板依照要求，按顺序被装入可移动的容器之中，每次20个，也就是20个看板（kanban），然后被送到我们内部客户处组装。

我们在现地现物观察到的情况是绝对无法用语言表达的。本质上，我们亲眼看到了没有办法满足原先设计规格的零件将如何影响装配工程。例如，若有一片毛边太长，它可能会在通风口下方振动，并在空调开启时发出振动的声音。而这无论是对于我们内部或是外部的顾客来说，都不是乐见的状况。

当然，装配人员也会担心无法满足他们的客户，所以他们的工作也必须符合非常严格的规范，因为一旦有零件不能完美地装配在一起，那将可能会让他们的整个流程增加 5 秒、10 秒或 15 秒的作业时间，甚至可能会因拉动安灯（andon）而导致生产线停止。

真正的教训是一旦我们回到自己的流程中，我们看事情的角度就变得不一样了。切割一个孔洞的规范不再只是一个规范——它是确保我们的客户在生产线上不会出现问题的指南。知道遵循规范的目的之后，移除了我们过去认为"遵守规范只是因为班长交代"的错误想法。在那次到现场观察之后，我觉得我对我的流程的看法不一样了。

埃尼在传动部门也进行了类似的现场观察活动。他了解到对于装配的作业者来说，车轴上支架的可视化标记在安装车轴时是至关重要的，有了这个标记，装配作业者将不需要浪费时间于修正车轴没有对准的问题。

能发自内心理解我们的作业和客户需求之间的关系，是现场观察的第一步，因此，我们内部客户正在做的作业就是我们需要遵守规范背后的"为什么"。然而，有时候这个为什么只能通过到现场观察来揭露。到现场观察之后，除了有助于与其他部门一起工作的人员建立互信和尊重之外，也可更深入地看待我们自己的流程。

> **到现场观察的悠久传统**
>
> 约翰·舒克（John Shook）
> 精益企业研究院主席兼 CEO
>
> 日本有一个不信任文字的悠久传统。这个想法源自于禅宗，禅宗认为光靠文字是没有办法掌握经验的。因此，当 1973 年丰田正式将丰田生产系统（TPS）编纂于文字时，曾对是否用文字把 TPS 写下来产生了争议。大野耐一本人对此表达强烈的关注，他说："如果你为它命名，就等于是把它毁灭。"然而，我们都读过书，知道它是妥协后的产物。只是，当你需要更多的人、供应商，以及供应商的供应商来参与之后，沟通的需求就凌驾于烦恼 TPS 是否会被标签化了。这些需求导致了 TPS 的编纂，以及 *Toyota Ways 2001*《丰田模式 2001》的出版。但是怀疑的态度依然存在，TPS 的老师们对于"以偏概全"或"断章取义"的论述也会感到犹豫。

## 5.2 让观察更加容易

到现场观察的秘密之一就是无法隐藏任何东西，而且每个人都可参与到使流程可视化中来。这听起来也许是很基本的观念，但是，当你访问了很多现场之后，你会看到杂乱、视线不通透、效率低的设备布置，成堆的库存，以及设计不佳或维护不良的管理板的现场，在那里你会看到很多浪费，你也能肯定表面下还隐藏着更多的问题。

在 TMMK，工作现场的维护有非常严格的标准，因此，关于流程的各个方面都清晰可见。俗话说，你没有办法管理你无法量测的事物，同样地，你也没有办法管理你看不见的事物。因此，在我们的工作现场中，视线是通透的，工具始终放置在恰当的位置，设备被清楚地标示，并且所有的安全要求都高度清晰可见。

这些可视化的实践同样也包含我们的办公室。在非制造部门，我们使用这些原则来管控办公用品。个人办公桌应符合一定的标准，办公用品（笔、回形针、订书针等）有最大和最小数量的限制，以最小化浪费和控制成本。

我们从很早就开始被教导尽可能地去维持可视化图表，以帮助我们和观察者更深入地了解流程。在这当中有一种图表称为山积表，基本上，它是堆栈的长条图（或周期长条图），它描述了工程的各个方面信息，例如：

- 等待时间
- 步行时间
- 手作业时间

- 机器时间
- 换模/设置时间
- 返工/维修
- 工作延迟
- 等待看板的时间

这些可视化的信息在一般公司中大都是在计算机里，然而，在 TMMK，我们在白板上使用磁铁的堆栈来追踪各种工作元素所需的时间。横贯白板中间的水平线代表标准的计划节拍时间，因此我们可以一目了然地看到实际与计划时间的落差。这允许培训师重新平衡或改善作业内容，以满足内部和外部客户的期望。这是一个很好的可视化工具，而且可很快地看到异常，它能帮助工程中的团队成员清楚掌握他们相对于标准的水准。

当我们的培训师观察这些可视化图表时，他们同时也在思考还有什么地方是标准之外具有改善潜力的地方，其中包含：

- 工程的能力
- 机器设备的能力
- 人的能力/均衡负荷
- 节拍时间（我们是否持续满足顾客需求？）
- 混流能力/均衡负荷

当然，这当中需要思考改善的方面还有很多，然而，关键在于整个工作环境的设计是用来防止隐藏浪费和异常，如此一来，培训师可以更容易深入了解流程并教导我们如何进行下一步。

## 使用低科技的可视化管理

乔恩·米勒（Jon Miller）

现场学院联合创始人

丰田对低技术含量的可视化管理工具有一种偏爱，这可以追溯到个人计算机被广泛使用之前 TPS 的发展时期。这种偏爱得以保留，有几个原因。首先，丰田希望工程师和主管待在他们的现场，不要回到办公室来更新计算机上的可视化数据。其次，纸笔的视觉效果使在现场工作的人可以很轻松地设计、调整和更新。最后，当只需要使用手写数字与红、绿状态标记的简单系统就能把事做好时，丰田不倾向投资于花哨的数字显示板。丰田认为，尽管进展到活用科技的解决方案并非坏事，但如果一开始就从科技的解决方案出发，然后因为已经投入了资源而无法改善，则是不会被接受的。

## 5.3 指路明灯

另一个关键的要素是强烈的目标感,这是 TMMK 文化的一部分。换句话说,我们的培训者知道我们正在做的事情背后的原因。因此,当我们到现场观察的时候,我们并非毫无头绪地在现场观察,我们总是会思考作业背后的意义,以及我们每天所做的事要如何贡献在公司的 KPI 上。

看着自己的工作和公司目标,我们称之为视线(Line of sight)。尽管两条视线不一致的状况还是会出现,例如:经济的波动、物料的中断……但是真北,也就是愿景、目的和使命则始终是保持不变的。

在我们的工作坊中,我们使用图 5.1 中的图解来描述一致的视线。从第一天在 TMMK 工作开始,我们就被灌输要时时刻刻明白自己的工作和公司目标之间的联结性。事实上我们所做的一切都有一个目标,而随着经验的积累,视线将变得越来越清晰。重点在于,无论你是在看一个工人安装后视镜还是在制定人力资源政策,你的工作和真北之间总有联结,而到现场观察必须总是能反思这个联结。

图 5.1　自己与公司的视线

因此,无论我们从事什么活动,我们都会被心中的目标感约束,我们要问自己:"你要如何量测目标?你要如何知道你达到目标了?"这两个问题都应该与更高阶的目标对齐。

## 5.4 看得更深入

当我成为班长时,我认为我对"到现场观察"已经有很好的能力了,当然,这是在一般的标准之下,我当然拥有这项能力。但是,在 TMMK,即便你有多年的经验,公司里总是会有一位培训师想办法教导你更深层的课程。

我们来看一下我作为领导者时所经历的一次比较进阶的练习。我们当时正在制作汽车顶篷,也就是汽车内部的车顶篷,我们的培训师要求我们在冲压车顶板的一个作业中,缩减 4 秒或 5 秒的工时,这道作业就是我们要为后座上方的汽车阅读灯切割安装的孔洞。我记得那道作业花费大约 58 秒。

我们的培训师问我们有没有办法在哪里看到浪费,我们知道他心中已有一些想法,但是,他当然希望我们自己去观察学习如何找出浪费。

我们发现这很有挑战性，若从增加价值的角度来看，这一连串的作业看起来蛮扎实，没有太多的步行时间，一切似乎都在几步或几个手掌宽度之内，我们说："哇，我真不知道要去哪里找这4秒或5秒的改善空间。"

我们的培训师问："造成浪费的因素有哪些？机器？零件？人？"这很难，我们什么都没看出来，也频频回头看他，想从他那里得到一些提示。培训师仍然持续地问我们问题，他后来开始问有关设备的问题。

迄今，设备不是我习惯会去思考的问题，不论我们是否把它称为可接受的标准或者是专业的知识，我当时并没有问正确的问题，我认为机器就是机器，它设计出来就是这个样子。

我们的培训师开始针对机器以及与它相关的细微处询问更深层次的问题，我们可以看到，有时候员工需要等待一秒钟，安全闸门才会打开，但这个问题已超出我们的技能范围，但他仍然坚持要我们思考："看看当压力机打开的时候，上模的行走路径吧。"他说："你有什么看法呢？"

我们没有考虑过这一点，因为我们认为模具本来就应该要那样动作。我们曾认为，一旦要改变事物时，只要是和设备维护、工具、模具或设备的设计相关的，就是碰不得的。

当然，主要的教训是，为了掌握所有涉及的因素，你必须询问。这使你能够知道你可能需要哪些利益相关者来进行潜在的改变。

因此，我们持续地进一步研究，在培训师的指导下，研究了模具到达它停止的位置时所花费的时间。当然，改善必须保留安全的余度，以避免对作业员造成潜在的头部伤害，不过当我们将这件事列入考量时，发现车顶模具打开的高度太大了。

在权衡了模具所需要的打开高度之后，我们意识到设备维护单位有办法通过重新编程来减少模具的行进距离。在改善之前，模具额外的行进距离需要机器运转4秒钟，这4秒钟可能导致作业员等待。对此深入地观察，我们消除了4秒钟等待时间，同时，产品也能满足规格要求。

当然，这种方法并不总是可行，机器多半会依特定的方式设定，以符合安全、质量或生产力的规范，但是你始终可以保持疑问。在这个范例里，压力机很可能是根据当时人们所掌握的最佳信息而设定，但那并不意味着设备必须一直保持在那个状态。

在非制造环境当中，这也是一种挑战。我们常看到人们对IT系统存有同样的假设，像是我们可能假设必须要有三个屏幕来输入数据，因为"系统就是这样运作"，但若我们深入研究，也许会发现可以将三个屏幕简化为一个，并不会影响整个流程。

## 5.5 现场观察的最大障碍——自我的假设（成见）

你是否知道你在现场所做的每个决定是基于事实还是假设？我相信你会对属于后者的数量感到惊讶。

问题是，当我们将假设误认为事实时，我们时常做出非常愚蠢的决定。大野耐一对此做了一个很好的总结，他说："人们的想法是不可靠的，即便我们所有的决策只有一半是对的，我都会惊讶于怎么会这么高。"

当然，把类似大野耐一的话放在海报上或是墙上的标语是件容易的事，但是，若要能够实际地质疑我们的假设，意味着我们必须不断地验证我们的想法。有些事情可能看起来一清二楚，但反思一下，我们可能正在透过"传统智慧"的扭曲镜头看问题。

我们的培训师当然知道质疑自我的假设有多么困难，甚至对我来说，即便在我成为班长之后，这也是困难的。因此，他们很有耐心，但也非常坚持要将我的思维调整到更深的层次来意识到这个观念。

这样的管理方式在大多数的现场中并不常见。事实上，许多现场的情形恰好和这种方式相反。在很多公司里，人们习惯对结果做出反应，将假设视为新的事实，多数人相信，停下来确认想法反而会降低人的生产力，也就是说"我不知道"是在坦承自己的弱点。不过，从我们的角度来看，能够说出"如果我不知道，那就让我们一起到现场观察，一起了解它吧"才是真正呈现仆人式领导的力量和勇气。

现在，根据我们的定义，到现场观察还包括倾听，即使用眼睛以外的感官来收集信息，我们要克服的最大障碍还是一样——源于自我的假设而招致的"有听却没有听到"。

我们曾经在TMMK进行过一次倾听的练习，而埃尼和我现在仍然在我们的工作坊中使用它。那次的练习是这样运作的：我们将所有人分成两两一组，一个人谈论自己选择的主题两分钟，另一个人会在旁边听，然后，我们要求听的人要用自己的话来描述听到的内容，然后看是否能让讲话的人满意。

你猜后来发生什么事？百分之八十的人并没有达到该测试的期望，原因是听者忙着做假设，忙着思考要如何完整地转述听到的内容，而没有真正张开耳朵专心倾听对方在说什么。

如果"做出假设"是你到现场处理现实问题的策略，那你将很难遵循"只是倾听"的指示。做好倾听是我们每天都要努力的事情，并且，一旦你认为自己终于"了解了"，你同时也确定自己还有更深的课程需要学习。

## 5.6　可靠汽车制造公司的现场观察

在最初的会谈后，克莱顿和布罗迪先生在可靠汽车制造公司内部完成了许多现场观察。布罗迪先生很少说话，通常他只是非常专心地站着观察，有时他会对公布在可视化图表上的内容感兴趣。布罗迪先生也经常问员工为什么要做某件事，但他表现出来的是真的对问题感兴趣，而不是批评。有时候，他问的问题似乎与他们的作业没有直接关系。克莱顿注意到，布罗迪先生对作业者表现出极大的尊重，就好像他们是领导者一般。

几天之后，克莱顿和布罗迪先生两人在克莱顿的办公室聚在一起。克莱顿非常急切地想要开始做改善，他准备了一系列可靠汽车制造公司文化的问题。克莱顿说："布罗迪先生，告诉我，现在你看了我的现场，并和我的员工进行了交谈，我们公司的文化有什么问题呢？"布罗迪先生回答："你的公司文化有许多问题，要想全部解决这些问题，需要很长的时间。就连丰田在努力了60年之后，也还在改善自己的文化。"

克莱顿说："那请告诉我最大的问题是什么，我知道改善将意味着投入时间和资源，但至少我们可以开始行动了。"布罗迪先生说："除非你能自己看到这些问题，否则我帮不了你。而且你已经看到了我所看到的一切，甚至还更多。"

克莱顿沉默了一阵子。布罗迪先生接着突然问道："你担任制造副总裁的目标是什么？"克莱顿对公司的真北有着强烈的认知，几乎是自发性地说："我的目标是培养我的员工，以便我们能够制造出安全、可靠、节能的汽车，而且，拥有它就拥有快乐。"

布罗迪先生说："你将会从那里找到答案。"然而，克莱顿的学习旅程才刚刚开始，我们将在下一章看到他是如何学习。

# 第 6 章

# 掌握现状

有句话是这么说的,问题一旦被明确定义,便已经解决了一半。当然,这引申出了一个非常重要的问题——当我们说一个问题已经被明确定义时,那代表着什么呢?在 TMMK,这个问题从来不是靠直觉来决定,关于如何定义问题,我们有严格的标准,如同"到现场观察"一样,我们的培训师提供大量的情境式学习和辅导,帮助我们在这个关键领域中深入思考并增强自身的能力。他们经常会说:"特蕾西女士,请掌握现状"。就像到现场观察一样,掌握现状是一种不间断的思考方式。然而,当一个人处于 PDCA(计划、执行、检查、行动)的"P"阶段,也就是准备要对工序进行更改时,掌握现状就变得更加重要。同样地,掌握现状决定了丰田的 8 步骤问题解决流程中前三个步骤的背后关键的想法:

1)明确问题。

2)分解问题。

3)目标设定。

掌握现状不仅能确保你正确地定义和框定问题,它也提醒你要留意人看待问题时,总是习惯于看表面,而且,在清楚定义问题之前就要制定对策。

急着跳到结论不仅仅是浪费的行为,它也使解决方案产生的弊大于利,而且,对员工和公司文化也将造成非常大的损伤。

不幸的是,很少有企业组织把这视为一个问题。管理者往往会凭个人直觉或现场累积的"部落"知识来理解问题,而没有花足够的时间去掌握现状,因此,一旦他们的假设不成立,就会导致"救火"的局面。实际上,如果管理者试图掌握现状,他/她可能会被指责因太过犹豫不决或优柔寡断。公司的高层可能会说:"不要在这上面浪费时间,就尽一切努力去得到结果吧。"

如同在 TMMK 工作的许多方面一样,掌握现状要求我们对工作和管理方式要具备不同的思维,若要想真正精通它,将需要大量的日常练习和心理调适。在这里，你可能已经猜到，当我们持续在"领导和学习"的旅程上前进时，永远存在着利用掌握现状来改善和培养员工的机会。

当我在 TMMK 工作的初期，我在这方面有相当陡峭的学习曲线，我能够精准认出异常，问题对我来说似乎显而易见，因此当我这样向我的培训师报告时："我们有一些状况……，"而他就会立刻阻止我。他会礼貌地说："特蕾西女士，我不明白你所说的'一些'是什么意思，请问你能解释一下吗？""哦，你知道的，就一些。"我想我已经回答了。而他会再重复地说："我不明白'一些'，你能解释一下吗？"当然，他明白我说的话是什么意思——我记得一位翻译员曾开玩笑说："他会说他不理解，直到你停止使用主观语句且开始对他陈述事实。"

这里的问题在于，"一些"对不同的人来说可能代表着截然不同的意思，而我的培训师不确定对我或公司而言，"一些"的含义是什么。换句话说，解决问题时我不够具体，因此就无法找出一种可预料且持续的解决方案。为此，我需要计算数据来获得事实。

在 TMMK，解决问题与改善和标准密不可分，我们将在"进行标准化"的章节里讨论各种细微的差别。我现在想说的是对我们来说，标准是目前能够满足内部和外部客户期望的方法，一直到我们对它做了改善之前，所有人都同意遵行且对它负责的方法。而为了保持这个共识，我们需要确保所有人用精准的词汇进行讨论，如此一来，每个人对事情的认知才能一致。

因此，我们对于像是"一些"或"几个"这类的词汇变得非常敏感，并习惯于深刻且明确地量化问题，使得任何以相同方式衡量问题的人都能获得相同的结果，而这是 TMMK 镶嵌到我们所有工作方法论思维的本质。它也与科学方法一致，因为它与我们在实验室中会做的事情非常相似——进行假设，然后对它进行严格测试以明确地证明假设是否正确。

---

### 用 ATAR 对抗我们自然反应的习惯

直接跳到结论，接着过早采取行动是一个普遍的习惯，且已根深蒂固地深植在我们的大脑中而很难打破。我们经常使用前缀缩写字 ATAR 来帮助学员可视化这个问题。ATAR 的意思是我们允许使用假设（Assumptions）来改变我们的思考（Thinking），进而改变我们将要采取的行动（Action）与结果（Results）。如果我们保持警惕，使 ATAR 抑制在表面之下，那么随着时间的推进，我们就能够打破这难以改变的习惯。

## 6.1 用事实来改善，而非假设

当我们开始考虑改变工序时，掌握现状尤其重要。在这里，我们从量化一个特定问题开始，以便我们能制定明确的行动方案，因此，我们围绕三个问题来框定问题。对于每一种情况，我们询问：

1) 什么是标准？（或应该发生什么？）
2) 现状是什么？
3) 什么是现状和标准之间可测量的差距？

当我的培训师说："特蕾西女士，你必须掌握现状"，他们经常提醒我，请牢记这三个问题来框定问题。现在让我们来看一个实际职场问题的范例，X 公司自己经营一家诊所为员工提供医疗服务，而员工把这个医疗服务当成薪资报酬的一部分。

也许是从人力资源部门的人与其他公司同行的交谈中得知，X 公司的管理层开始看到证据，发觉自己运营诊所的成本比原本的预计还要高。

现在，在这种情况下，高级经理人通常会立即着眼于最大的成本项目，然后要求这些领域的业务管理者削减成本。但是在 X 公司中，负责诊所营运的主管了解掌握现状的重要性。

他们从问题 1 开始思考——医疗费用的标准是什么？为了确定这一点，他们计算每次患者就诊的平均成本，并将诊所的营运成本和顾客获得的价值做关联。在查看各个健康组织的数据之后，他们所掌握的全国现状是基于每位患者 20 分钟的看诊时间，每次就诊费用是 72 美元。

接下来，他们通过将诊所营运的总成本除以患者就诊的次数来确定当前状况。病患每次就诊的成本是 93 美元。这在每次就诊费用和应有费用之间留下 21 美元的差额。于是，有了这个量化的差距，团队就能开始进行真正且实质的工作。

现在，这里有几个非常重要的考虑。首先，想象一下，如果我们基于假设或现场所累积的部落知识做出反应，会发生什么事？如果我们草率且误解了该数据，或如果检测到的成本差距比实际状况多很多或少很多，又会发生什么？在这种状况下，我们可能很快就会往错误的方向进行探索，不仅浪费了资源，也可能在这个过程中损害了给员工的医疗服务。所以，小心、彻底地做好第一步是极其重要的。

第二，我们推测，如果我们的成本比别人高得多，那么在这个过程中一定存在着浪费。在这里必须非常明确的是在进行改善的时候，我们并不是在寻找可以削减成本的地方——我们用的是"到现场观察"来寻找浪费，这和我们不顾对顾客的影响而去削减成本的心态是非常不同的。

另一个考虑是问题是否严重到需要采取行动。病患每次就诊的现状成本和全国平均成本之间的 21 美元的落差是很大的,当你把它乘以数千次就诊,你会看到这数字对公司的净收入有相当大的影响。

但如果两者成本的落差是非常小,比如一或两块钱,我们应寻找大一点的问题来解决,也就是针对那些根据公司 KPI 和真北,会对我们造成更大影响的问题来下手。

同时,我们要保持意识清楚,根据自己的水平和工作范围,判断什么是适合自己承担的。当我们从事的项目或问题涉及各种人和资源时,我们会很容易地陷入"范围蔓延(scope creep)"的陷阱而被卷到自己责任之外的领域,然后发现自己已陷入麻烦且无法脱身。因此,当我们决定要做什么的时候,我们应该牢记,问题解决的工作应始终和组织更大的战略相联结,这些战略是基于每个人在各自特定的层级上做出贡献,我们将在第三部分中更多地谈论这些联结。

现在,从某一方面来看,诊所的问题是明确的——它容易量化,因为成本是明确被定义的。然而,在其他状况下,定义差距会比较困难——也许你想提高士气、顾客满意度或者其他"软性"的指标,如员工的敬业度。许多管理者会拒绝为这些指标指定一个数字的想法。

以下是一位来自金融业,我们工作坊的参与者遇到的挑战。他说:"我认为我们也需要定性的指标来进行改善,而不是试图将所有事物都归结为可量化的。在我们的世界里,你会有一些团队,他们会对给所有的事物都指派数值的想法感到厌烦,例如,我们有一个框架用来衡量高层管理者和企业主要客户的互动程度,它和我们的贷款活动有一些联结。但是,我们也有许多追踪的指标是没有数字配合的,当然,你始终必须对指标进行衡量,但是,并非所有的指标都会有数值。"

我们向这个小组解释说,这些"软性"指标给人们一个我们正在测量和改善的印象,但它们没有办法被验证,所以,不能依靠它们来产生可持续的结果。如果指标没有数值,你如何确定你已经达到目标?你又如何知道管理者 A 和管理者 B 能否评估高层管理者有没有很好地采用公平、公正和一致性的方式和主要客户互动?事实是你没有办法。

这里的问题是,许多人习惯围绕着结果——参与的人——进行讨论,而不是围绕着需要解决的问题。"我们的高层管理者与客户互动不足"之类的说法并不是一个真正意义上的问题,所以,永远都不应该成为我们的出发点。我们需要的是可以采取行动的具体细节。因此,我们需要决定互动不足为什么是个问题?我们看到因为一个人没有参与而造成了什么样的结果的差异？我们要如何衡量这个差异，以及我们如何知道我们是否成功地解决了这个问题？

为了挖掘这个问题，我们时常从一系列的问题开始，包括一个具有参与度的人看起来会是什么样的？我们要如何知道何时人们正真正地参与？当一个人参与时，我们可以期待看到哪些具体的行动？衡量的标准是什么？然后，我们需要问"为什么？"直到我们清楚地了解高层管理者的低参与度是如何影响公司，例如，它可能最终会导致客户流失率高于正常水平，或者可能导致过多失败的金融产品。但是，如果我们不问"为什么"，并锁定在一个需要解决的量化的差距，甚至还认为自己会有实质性的改善，那我们就是在愚弄自己。也就是说，除非我们碰巧运气好，正如我们前面所说，那不是一个可持续的策略（如果好运气真的是可持续的话，那赌场将会停业）。

这也把我们带回到现场观察章节里提到的一个重点——通往真北的视线。在TMMK，我们都知道我们的工作是如何为公司的目标做出贡献的，而且我们每天都在此基础上努力，所以，如果出现了与主要客户互动这样的事情，其背后的目的应该是显而易见的。在TMMK，当我们可视化地看到问题和公司最关键的KPI有联结时，我们知道遭遇了重要的事情了，我们也知道根据我们的KPI，哪些问题需要优先处理。

## 6.2 克莱顿和他的真北联结

在布罗迪先生挑战他找出公司文化的问题后，克莱顿花了一些时间思考过去几天发生的事件。布罗迪先生虽然只在可靠汽车制造公司待了很短的时间，但他似乎看到了一切，如同具有X光一般的视力。然而，克莱顿知道，他自己也看到了布罗迪先生所看到的一切——其差异在于他们的思维方式。

在他们的下一次会议上，克莱顿的问题清单越来越长，现在已长到让他感到不知所措。"我思考了我们的真北"他说："但显然，我的理解还不够深刻，无法迈出正确的一步，请帮助我更好地理解。"

布罗迪先生静静地坐了一会儿，然后他问道："你培养人才最重要的计划是什么？"

现在，克莱顿知道可靠汽车制造公司最成功的人才培养计划是品管圈计划。事实上，公司的许多领导者都是通过品管圈才发现了他们的领导能力。克莱顿也想起品管圈的参与是自愿的，但最近的参与率有所下降。

"我知道了！"他说："要改善我们的文化，我们必须有更好的品管圈参与率。"这次，布罗迪先生露出疑惑的表情："我不知道你说得更好是什么意思？"克莱顿想了一分钟，"好吧！"他最后说："如果我们想改善我们的文化，就必须提高品管圈的参与水平。"

"很好。"布罗迪先生说:"现在我们必须把事实摆出来,才能更清楚地了解问题"。现在,克莱顿已经上过 A3 的课程,知道如何按照丰田业务实践的 8 个步骤进行问题解决。克莱顿于是找他的精益顾问 Bob 商量,他们一起收集了过去几年品管圈计划的统计数据,了解应该发生的情况(理想状态)和实际发生的情况(当前状态)之间的差距。

第二天布罗迪先生来的时候,克莱顿非常兴奋。他走到白板前,画了图 6.1 所示的图表。布罗迪先生说:"是的,这里显然有一个可测量的差距。""你已经理清了一个问题,它和你公司的最优先要改善的问题以及和你的最终目标一致。现在你可以把它放到你的 A3 的第一步骤'明确问题'当中"。

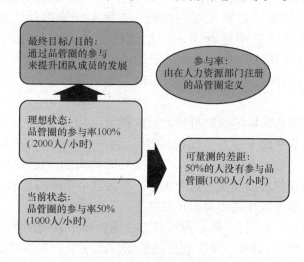

图 6.1 步骤一:明确问题

克莱顿对于达到这个里程碑感到很兴奋。他说:"我们的组织对精益非常有热情,可以开展一个声势浩大的认知宣传活动,从而获得更好的参与率。现在我们很清楚我们要弥补的是什么差距。"

布罗迪先生已经习惯了人们直接跳到解决方案,问道:"你有什么证据证明认知宣传活动会成功?""如果你这样去解决问题,那就是靠运气,运气不是一种策略。我们只有在事实的基础上进行探究,才有把握解决我们的差距。"

他继续说:"这就是为什么丰田开发 8 步骤问题解决流程。""你必须总是用正确的顺序来遵循这个流程,切勿让自己超前你在现场所确认到的事实,也不要对那些危险的假设放松警戒。"

"很好!"克莱顿不耐烦地说道:"那下一步是什么?""我们必须通过 4 个 W 问题——什么事情(What)、什么地点(Where)、什么时候(When),以及什么人（Who），将这个问题分解为可管理的小部分，如此一来我们就可以找到问题的发生点。"

## 6.3 提问的艺术

　　随着我们努力掌握情况，我们收集来的大部分信息都需要通过向那些每天在我们尝试要改善的流程中工作的人员提问而获得他们对这些流程的了解比我们多得多。然而，我们如何提问，对我们收集到的信息数量和质量都有极大的影响。

　　从本质上来说，我们要避免的是将提问的过程变成质问。埃尼和我为此做了一个教学模块，本质上这个模块是关于把"你"和"我"两个字做反转。举例来说：如果我走到埃尼面前说："埃尼，你为什么要那样做？"这样问问题的方式其实已明显在暗示埃尼做错了什么，而埃尼为了要给我回应，在我们还没有开始讨论之前，可能就已经处于防御的状态，而我则须铭记在心，许多人的沟通方式和我是不同的，他们可能会做出的回应和我可能也截然不同。

　　因此，我可能会从埃尼那里得到此类的答案："好啊，特蕾西，那为什么你要设计这种没有效率的工序？"之后我们就开始来回争论，但是到最后将一无所获。现在，如果反转"你"和"我"，改变对话的动态。我可能会说："埃尼你最近好吗？我需要你协助我改善这个工序，你是这个工序的专家，而且知道所有的技术和感受，这些工作是你每天在做的事。"

　　我会接着进一步询问："你介意带我走一遍你所采取的那些步骤，让我可以理解得更加透彻吗？"如此一来，我更能够掌握工序中的细微差别，并且和工序负责人一起善用"到现场观察"的时刻。我所刻意在做的，是将责任和任何可能发生的责难都转移到我作为领导者的身上，同时也移除工序负责人改善成功路途中会碰到的阻碍和约束，此外，我也展现尊重工序负责人对问题现状的认识及其个人的看法。

　　一旦建立起信任关系，工序专家们就会自由地分享他们的知识，你可以开始提出更多的问题，就像在 A3 过程中你必须做的那样。毫无疑问，在员工分享了他的观点之后，你就会有一些答案，但总会有更多的答案在后头……

　　所有的问题将帮助我们精确地了解关于标准、现状和可测量差距的量化事实。在完成这个工作之后，我们便理清了问题，我们也在从跑去对培训师或领导说："我知道有问题，因为我看到了这几种情况……"之后，取得了很大的进展。现在，我们有了所需要的信息来判断下一个步骤是要自己做出决定，还是要和领导协商。

> **以崭新的眼光看待问题**
>
> 艾尔·梅森（Al Mason）
> 奥创工业传动公司卓越运营副总裁
>
> 人们处理问题时有两种倾向。首先，人们有在了解事实之前就立即跳到答案的压力；另外，人们总想要通过一次解决一个巨大且复杂的问题来解决"世界饥荒"。我们有一个业务部门试图理清为什么交货会延迟将近一半的时间。这是一个大问题，因此管理团队聚在一起进行由外部主持人带领完成的头脑风暴活动，许多想法被提上台面讨论，并且在墙上贴满了便利贴。然而，当我后来问他们是否有去现场观察了解现况，以及他们是否通过直接观察而收集到任何事实时，他们表示并没有。相反地，他们告诉我头脑风暴活动进行得有多棒，以及整个过程进行得有多彻底，因此他们感到非常自信，但他们并不知道问题的根本原因究竟是什么。

## 6.4 分解问题

如果我们正确地定义一个可量化的差距，那么我们就更接近了完全掌握情况。现在我们已清楚地了解到，有一个可量测的差距使得我们无法在过程中达到特定的期望，这个差距可能是浪费，也可能是返工，或者是我们没有所有需要的资源。但是，在我们进一步调查之前，我们对这个差距是未知的，因此无法开始计划解决方案。再说明一次，此时，我们必须对抗选择假设而不选择事实的诱惑。

若再往前想，我们将有办法想出一个切实可行的解决方案，也就是利用可用资源执行一系列的动作，并且对现有工作环境造成的破坏降到最低。因此在我们思考追寻根本原因之前，必须适当地提出疑问。

在这里最大的挑战之一是许多管理文化鼓励立刻锁定复杂、大规模的"世界饥饿"类型问题的倾向。我们发现当某些管理者首次发现 A3 问题解决方法时，他们会将它视为一个可以更快解决此类复杂问题的神奇捷径。事实上，即便在 TMMK 工作期间，我也发现自己被拉进了这个漩涡。

为了说明这里的危险，我喜欢用冰山来做比喻。当我们盯着一个数量化的差距时，我们可能看不到可能会影响它的许多相互关联的因素，可以说它们是隐藏在水面下的冰山的更大的一部分。如果我们在没有适当了解所有可能的影响之前就开始行动，我们将可能使自己和公司陷入危险的处境。

困难的地方在于如果我们同时在一个流程中导入过多的对策，我们将永远也无法得知哪些对策有效、哪些是无效的，以及哪些对策实际上是有害的，我们还可能在流程中创造了许多干扰，而这些干扰也影响到对策的实施。

这和我们患感冒的情况很类似，医生开了几种药给我们，而当中有一些药可能并不适合。如果我们同时服用，将不知道是哪一种药使我们感到不适，并且可能因此危害了自身的健康。因此，医生可能会指导我们将它们分开时间去服用，由此决定最好的药物，并避免副作用。

当第一次有人跟我介绍问题解决时，我承认通常会借助鱼骨图，从较大的可测量的差距开始问"为什么？"。这个过程经常会产生超出我们一次能解决的许多真因。很多时候，我们发现，当我们试图在假设、观点，以及过往的经验基础上来做最佳选择时，我们其实是在现场之外救火。

表面上看，这听起来可能并不那么糟糕，尤其是当参与改善的人员非常了解他们的工作区域时，不过，正如我的培训师提醒我的那样，这并不是一个可持续的问题解决过程，这样的问题解决充其量只是碰运气。如果我们能有条理地处理问题以确认是否走在正轨上的话，长远来看，那会更有效率。

如此一来，我们将可避免返工和非增值时间。正如 John Wooden 所说："如果你现在都没有时间把这件事做好，那你怎么还会有时间再重新做一次这件事呢？"

将问题分解为可管理的小部分，有点像在吃比萨之前先将它切成小块，那是我们喜欢在工作坊中使用的比喻。如果我们尝试一次就拿起整个比萨来吃，而不是把它切成小块，那么吃比萨可能会是一件麻烦的事情，而且吃完后我们可能不会感觉很好，因此，一开始就将比萨切成小块已成为大家喜欢的方法。所以，如果我们用同样的方式来解决问题，我们会发现能够找到一个可长久执行的解决方案。

在解决问题时，我们的整个量化差距就像整个比萨一样。首先我们将差距"切割"成可管理的部分，这些部分在我们的能力、资源和责任范围内可以合理处理。接着，我们会根据其对差距的预期 KPI 影响进行优先级排序。

接下来，我们选择预期会产生最大影响的部分，将它指定为我们优先处理的问题。一旦解决了优先问题并通过现场的数据验证我们已成功移除了那部分所造成的差距，我们将在另一个部分重复这个过程，以此类推，一直到现状与目标间的差距消失为止。

我们经常被问到的问题是要以多大的范围来"切割"现状与目标间的差距，这里没有明确的规定，但最好的指标是造成问题真因的数量。2~3 个真因是常见且能被管理的，但如果我们发现有 5 个以上真因，这是一个危险信号，我们需要考虑进一步地分解问题。

另外，我们可能在解决问题过程的后期才知道问题的真因，这就是为什么我们可能需要根据过程中收集来的信息，再回去修改计划的众多原因之一，如果我们发现当初"切割"的部分太大了，我们之后可能需要将它缩小。这可被认为是学习过程的一部分，而非失败的迹象。

在现状与目标的差距当中选择"改善范围"时的另一个考虑是，我们在研究"宏观"的过程中可能存在"微观"过程。例如：如果我要解释我个人"早晨的日常"时，事件的流动可能看起来像这样：起床→准备→吃早餐→开车去上班。

乍看之下，这似乎是一个合理的步骤顺序。但是，如果我开始看到单一步骤里的多个事件发生点时，那我就可能没有将步骤分解得够深入，在这个情况下，如果我把"准备"进一步分解成淋浴→弄干头发→化妆→穿衣服的话，那么"准备"可能会更易于管理。

在宏观中寻找微观可以帮助你判断何时你已经充分分解了问题，也就是说在真因分析时，真因不超过2个或3个。事实上这个分解的过程还能帮助你看到整体"母差距"和分解后产生的"子差距"之间的关系。因此，透过实施一系列"子A3"来弥补这些"子差距"，我们能有效且高效地消除过去一次解决整体差距的困境。

在大型组织中，分解问题的需求会更加明显，然而，现状与目标的巨大差距可以是上百甚至上千个原因造成的。例如：解决一个特定汽车款式中测量出来的质量差距，可能涉及整个组织中一连串的项目。通过一系列相互关联的A3报告分解问题，管理者向他们的员工提出可以在其各自层面解决的问题。

图6.2所示为我担任塑料部门的组长时，曾受到的重大差距的影响。让我们

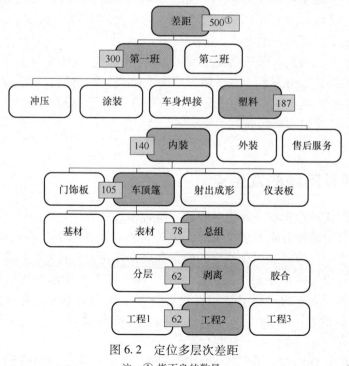

图6.2 定位多层次差距

注：① 指不良的数量。

假设管理层已做出决议要挑战将生产的不良总数降低 500 个。经由查看数据,发现了组织中存在的地点,不同层级的领导会给自己的员工分配一小部分(一个片断)来消除这个差距。其中,我的部门占了 62 个不良且都是需要优先处理的问题,这是我要弥补这一个差距所要负责的部分,我必须提高标准,努力与我的员工一起了解这个差距,找到真因,测试对策,并改善标准。

作为塑料部的组长,我非常善于解决现场的问题,我也借此帮助我们的资深管理人员将改善的指针移动到他们最关键的指标,并朝真北的方向推进。因此,接下来我会把我遇到的问题进一步分解,让我的每一位班长和班员都能了解自己工作层面的差距,并做出改变。

---

### 一位工程师处理复杂的问题

**艾尔·梅森(AI Mason)**
奥创工业传动公司卓越运营副总裁

我是一个受过训练的工程师,我喜欢复杂的情况,而且,我偏好抓住困难或多维度的问题,然后立即尝试解决一堆同步方程式并得到答案。特蕾西和埃尼真正帮助我了解到分解问题的重要性,因为你将因此能逐一消除那些潜在的因子,而非一次改变 15 件事情。我们想要将努力集中在几个少数的关键真因上,这样才能根据 PDCA 过程建立结构化的实验。如此一来,我们慢慢地都变成了真正的科学家。

回顾过去,我们习惯只抓整个问题,在 15 个或 20 个变量上用尽各种精益的工具和统计分析技术,但最后却以失败收场。有时候我们能在问题改善上看到效果,但我们从来不知道哪 2 个或哪 3 个对策是最必要的,以及其他一大堆的对策是浪费时间。

---

## 6.5　找寻问题的发生点

一旦我们成功地将整个问题分解成一组较小且具有优先顺序的问题,并选择造成差距最合适的部分来追求改善时,改善会将差距转换到一系列新的问题上。在这个过程当中,造成这部分差距的地方到底是在哪里?我们能辨识它吗?我们该将它视为可接受的常态吗?我们已发展了替代方法并内建到我们的流程中了吗?我们现场所累积的"部落"知识是否蒙蔽了我们的思考?通过这些问题的提出和现场的观察,我们可以开始集中问题,使其局限在一个非常特定的流程上。

在我们的工作坊中,我们会开玩笑地问:"你发现流程中问题的发生点了吗?",我们经常把它称为问题发生点(Point of occurrence,POO),我们说,如果你已经"进入问题发生点",从 KPI 的角度来看,你就找到了为你的组织带来"痛苦"的差距处。这里的痛苦可以是以质量、安全、生产或成本的形式出现,而这正是我们需要采取行动以消除问题的确切的问题发生点。

当你越来越接近问题时,保持对差距和问题发生点上所发生事情之间的联系的认识,是相当重要的。要留意以下一连串的事件:
1) 辨识量化的差距(将差距分解成可管理的部分)。
2) 根据 KPI 或对团队成员的影响,将各部分进行优先排序。
3) 选择第一个部分作为优先处理的问题。
4) 通过与现场的工序管理者接触,来确定问题发生点的确切位置。

有时你会发现问题发生点不止一个,在这种情况下,从第一个问题发生点开始着手是很重要的,也就是在流程当中,最早发生问题的点。如果流程当中有太多的发生点,那么也许有必要回到前一步骤,将问题再分解得更细一点,重点是,我们不允许问题解决的过程失去控制。

在一个复杂的制造环境中,也许很难准确地确定特定异常发生的位置,这里有一个很好的例子——追踪一个复杂的问题

有一天,TMMK 的一位员工发现一个内装的零件偶尔会有刮痕出现,由于这发生了不止一次,这位员工就拉了安灯来警示班长。班长仔细地观察了流程,确认刮痕不是来自机械设备,也不是来自其他组件或是人员。即使他对标准作业进行了深入观察,也和班员讨论,但都未能发现任何造成这个问题的潜在原因。

我们要求提供该零件的供应商进行工序的确认,以确保不良不是发生在他们的工序,因此,供应商的主管也做了同样的检查(在 TMMK,我们和供应商合作,他们也遵循和我们同样的方法来处理这些情况)。

在供应商无法在其工序找到任何造成不良的迹象后,唯一合乎逻辑的结论是:不良发生在零件从供应商运输到 TMMK 的过程中。这些特定的零件以每趟货车约 80 套的装载数来运送(每辆货车被视为一张看板(kanban),相当于制造 80 辆汽车所需要的零件套数。

为了找出在运输过程中不良发生的地方,团队决定派一人与零件"共乘"。他们设计出一种安全的方式,让押车者在整趟车程中坐在货车的货舱中,并为他配备了无线电,以便在问题发生时能够及时汇报。

第一趟的共乘运送过程并没有任何关于问题发生在哪里的线索。零件装载进货车时是没有任何刮痕的,而且,在货车离开的时候也看不到任何刮痕。但第二天又发生了同样的事情,几天之后,关于为什么会产生不良,已逐渐成为一个谜团。

接下来,几天之后,不良再度出现。公司和供应商如同往常一样进行了确

认,老实说,大家显得有些沮丧,他们不知道要怎样在不良时有时无的情况下,找到这个问题的真因。他们决定再和一组零件共乘,以确保先前的观察结果没有遗漏掉任何东西。

当供应商的押车者随着零件一起登上货车时,他系上安全带上路并瞪大眼睛盯着看。在这趟特殊的运输中,发生了其他运送过程从未发生过的事情。大约在运送途中的半路上,有一个颠簸,好像货车撞到了道路上的隆起物。大多数的货车都不具备吸收震荡的避震性能,这使得货车中所有的零件都"跳跃"了一下,所有的零件突然被抬升到约4~5英寸的高度,然后再坠落下来。

供应商押车者用无线电联络驾驶员,并问道:"你撞到什么了吗?我们在后面大力地反弹了一下!"驾驶员回复:"不,我什么也没看见。"但随后他又补充道:"因为这是一个非常繁忙的十字路口,所以通常我必须在这个红绿灯停下来,但这次我直接通过路口,过了红绿灯的道路上有一个凹坑,当我们直接通过路口后只是反弹了一下,而且我们是以正常的速度行驶。"

在询问了几个问题后,供应商押车者确认驾驶员有10%到15%的运送时间里直接通过路口,并且反弹发生在货车行驶于限速35英里时。因此,问题的发生点确定是在货车的货舱,而且是在货车穿越道路中的那个凹坑时发生,但这只会在货车直接通过路口并以时速35英里的速度行驶时才会发生。

这导致了更精准的观察,货车货舱中的某些零件受到的影响比其他零件来得更大,结果是不良来自货车货舱的后端、那些叠放在底部的零件。他还发现了,有些以塑胶泡棉包覆的零件比其他零件保护得更好。

因此,正如你所看到的,问题的发生点可能非常难以捉摸,并且它可能需要大量的观察、掌握现状与公开讨论才有办法被揭露出来。

## 6.6 把注意力集中在优先处理的问题上

在最后一次和布罗迪先生进行的会议之后,克莱顿就要求人力资源部门按部门分类整理过去一年中有关品管圈参与率的数据。为了显示数据的脉络,他们做成了图6.3中所示的图解。

很显然,到目前为止,装配一部的内装工序未完成改善主题的数量最多(150人/小时)。但是克莱顿知道,他不该指责他的员工,因为他们也想为公司做正确的事,如果有什么缺漏,那应是工序上的差距。

布罗迪先生说:"我们必须到现场观察,并了解更多关于装配一部里的品管圈状况。如果我们仔细观察事实,就会发现问题所在。"

到装配一部的工序深入了解情况之后,他们坐下来与阿什利、该区域的组

第6章 掌握现状

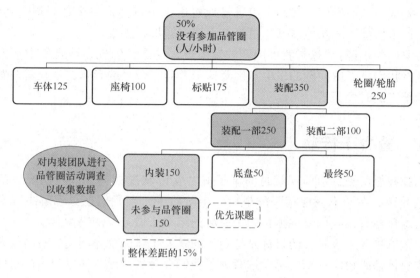

图 6.3　品管圈参与率图解

长，以及其他几位员工讨论此事，布罗迪先生说："问题的分解所显示的数字是未完成的主题数量占总体的 15%，我们现在要将这个数字确定为你优先要改善的问题。"

再一次，克莱顿认为他们已经达到要求了，而且急于寻求解决方案。但是布罗迪先生再次督促他要抵制忽略数据的诱惑。

布罗迪先生说："首先，你需要详细描述优先问题的过程，以及应该要发生什么，否则我们怎么知道提高主题完成的数量对我们有什么帮助？"

克莱顿要求阿什利制定落实品管圈活动的理想流程。阿什利走到白板前画了一幅图（图 6.4），并在图上标出了出现不合常规的地方。

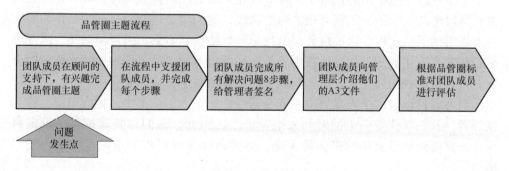

图 6.4　问题发生点

图 6.4 显示了当一位团队成员有兴趣完成一个品管圈主题，但却没有采取行

动时,差异会如何发生。我们可以容易地看出这个行为是怎么打断整个过程的,没有任何事情能够成功地展开,更没有人把问题报告出来。

布罗迪先生说:"这是我们问题的发生点,这是我们现在需要集中精力的地方,既然我们已了解问题的发生点以及这个差异会带来的影响,现在就是做出纠正问题承诺的时候了。"

## 6.7　致力于行动

正如我们所见,掌握现状是为了了解"实际状况如何,以及状况应该要怎样"的差距。在"掌握现状"的最后一个阶段中,当我们在寻求解决方案与之后的设定目标时,我们要根据预期可完成的结果来做务实的决策。

问题解决8个步骤中的目标是特定于问题发生点的优先问题。有时候人们错误地为总体差距设定一个目标,这背离了我们在分解问题上所做努力的目的。我们要的是非常具体、可实现的和可衡量的目标,以便我们可以通过一个纪律严明和完全透明的流程来实现这些目标。

但是,这并不意味着目标应该很容易实现。由于有了吉格·金克拉和布赖恩·特雷西等励志的演讲者,大多数企业界人士知道,明确的目标可以激发团队的最佳表现。举一个体育界的范例来说明,就像一支橄榄球队把赢得超级碗作为目标,你不知道应该如何去做,或者将遇到什么阻碍,但是你已经设立了目标,这个目标会决定你所有的行动。伤病、失误,以及对方防守队员的出色表现可能会妨碍你,但这并不会让你停止设定目标。我认为大多数人都会同意,就算前景不明确,球员也会有更多动力去赢得超级碗,然后试着"竭尽所能"向着目标迈进。

丰田将这一想法向前推进了一步。首先,所有权的概念非常明确。正如我们前面所讨论的,丰田员工拥有很清晰的视线,他们清楚地知道自己的工作如何支持大规模的团队运作,以实现公司的目标,并协助顾客露出满意的微笑。因此目标是非常个人化的——如果改善事项是在你所负责的工序范围内,那么你就拥有所有权,这从我们公司成立之日起就已经深深根植于我们的文化中。

当考虑目标时,个人发展也一起会萦绕在每个人的脑海中。你应记得,作为领导者,我们要花费一半的时间来培养员工,因此,我们总是鼓励员工设定目标,不仅要使项目成功的机会最大化,更要确保该项目将创造最佳的个人发展机会。

这违背了传统意义上最好追求有把握的安全的目标的逻辑。举例来说,假设你是一名员工,启动了一个项目,而你的现状与目标的差距要求是50%的改善,你不确定是否可以达标,但是你认为若只提高20%就不会有问题,因此你将

20%的改善目标放在 A3 上面，这样一来，你可以确定在项目完成之后，在管理阶层的眼中看起来表现是很好的。

在 TMMK，这是绝对不会被接受的想法。如果你提出这样一个毫无企图心的改善目标，培训师会说："这太容易了，目标的设定不应仅对你个人，而应对整个组织都要有很大的挑战性，我想看看你在这个过程背后的想法，特别是当投入资源朝向目标前进时，到底什么是真正能被达成的？"

培训师关注的并不是要你做更多的工作，而是想要将你培养成为一个可以解决问题的人。他们想要看到更深入的思考、观察和你对自己能力有更大的信心，并且，他们知道，要做到这点，就是要你踏出自己的舒适圈。

不要误会我的意思，培训师并不是要设局让我们每次都失败。实际上，正如我们前面所看到的，分解问题的想法是为成功提供一个切实可行的机会。但是他们确实希望我们有追求具有挑战性目标，并尝试我们从未尝试过的事情的经验，当然，这样做必然会有随之而来的风险。他们尊重我们找到方法的能力，他们也理解，错误是学习过程的一部分，这为我们提供了"思考的空间"，也提供了在试验和磨难中积累经验的机会。

---

### 挑战性不足

**罗斯·斯卡菲德（Russ Scaffede）**
**TMMK 前副总裁兼动力总成经理**

有一天，张先生来到我所在的区域说："Russ 先生，执行专员们一直在讨论，而且我们担心你对团队的挑战是否足够。我们还不曾看到你把汽车生产线停下来，以带动团队进行持续改善。"

这个时候距离我离开通用汽车的时间只不过两三年。

我说："张先生，你不明白那样做会威胁到我们的饭碗，在通用汽车，如果停下汽车生产线，人们会被开除的"。他说："不，不，没问题，如果你对你的团队提出很艰难的挑战，而且也只停一下子汽车生产线的话，没有问题的，只是不要重复同样的问题就好了。"

---

另一个重点是，目标有时候必须改变。在改善的过程中，可能会出现许多意想不到的事件。例如，我们可能会发现一系列表面上并不明显的真因，或者，我们可能会发现，在执行改善时，我们给某些邻近的工序造成了意外的困难。

有时候我们发现，为了达成目标，设定一系列的临时目标会更有效率。这会让流程管理者有一种改善正在进行的感觉，它也有助于依据过程中所收集来的信息调整最终的目标。

重点是，之后再修改计划绝不会被视为一种挫折或是要被谴责的事。如果有修改，那可能是我们对自己有更高的挑战，但只要我们持续学习，这并不是一件坏事。

## 6.8 克莱顿达到了目标

克莱顿在商学院学到了所有关于设定目标的知识。他所学到的理念是，目标必须总是可行的，这样才能在不对人要求太高的情况下保证成功。他向布罗迪先生解释了这一点，建议将装配部门要完成的主题数量增加一倍，从20个增加到40个，将会是一个合理的目标。

布罗迪先生静静地坐了一会儿，问："把这个数字增加一倍，对解决你们的整体差距会有很大的贡献吗？"克莱顿想了想，然后承认，这几乎不会有什么影响。

"那么我们必须选择一个目标，在问题的发生点上解决问题，从而以有意义的和可见的方式缩小差距。否则，我们如何知道我们解决问题的努力是否成功，以及到底该做什么才能彻底消除这个优先问题的差距？"

克莱顿在平板计算机上潦草地写了一些数字。"我们必须把完成的主题从20增加到150个，"他说："我认为我的员工无法达成这个目标。"

"好吧，如果目标太高，你要怎么做？"布罗迪先生问道。

"我想，我们得回去改一改。"克莱顿说："但是大家会认为我们失败了。"

"为什么调整计划就是失败？"布罗迪先生问："这在持续改善的环境中是很正常的事。"

"不过，完成150个主题是很极端的。"克莱顿说："如果我提出这样的建议，我怕大家会感到沮丧或不知所措。"

布罗迪先生沉默了一分钟。然后他忽然问道："是什么阻碍了你们装配部门的人完成150个主题？"

克莱顿感到疑惑不解。

"是你的人对改善不感兴趣，还是不在乎？"布罗迪先生问道。

"不是。"克莱顿说："我不是在责怪我的人……"突然间，一个灯泡亮了起来。

"对。"他说："是工序的问题。如果我们改善工序，我们的人也许就能完成150个主题，而不会产生过重的负担和压力。"

"很好。"布罗迪先生说，"而且要记住，你必须继续培养你的员工，使他们超过他们自己所认知的能力。"

克莱顿同意目标是提升对改善的兴趣，以便在3月之前，使装配一部的主题完成数量提高到 150 个。

"好的。"克莱顿说,"现在我们已经在问题发生点设定了目标,并且完成了第三步,让我们开始改善这个破碎的工序。"

"首先,我们必须找到真因",布罗迪先生说。

锁定真因,正如我们在下一章节中会看到的,是团队找到问题永续解决方案的第一步。

# 第 7 章

# 解决方案

正如我们前面所提到的，在 TMMK，作业工序会不断地改变。当我们访问有一段时间没有去过的部门时，常常会注意到，即使只是几个星期，某些工序却发生了很大的变化。

但是，这些改变从来不是由更高级别的管理层所决定的，而总是通过与相关人员的协商和达成共识来实现的，没有捷径可走。因此，当我们对工序进行改变时，我们通常会成功地实现预期的收益。我们得以成功的神奇要素在于——你猜得到了——人！

变革管理专家约翰·科特（John Kotter）说得很清楚："核心问题绝不是战略、结构、文化或系统，问题的核心始终是改变人们的行为。"

丰田从未放任人的因素。"解决方案"是我们的术语，指在每个阶段让人员参与，有条不紊地进行改善的想法。无论是更改标准，测试工序改善，还是变更生产的车型而对工序进行调整，我们始终遵循基本的"解决方案"的思想。

当然，我们不会毫无准备地实践"解决方案"。在没有去现场观察，并掌握情况进行反省之前，直接去找操作员讨论解决方案，是不尊重他们的表现。我们在要求员工花费时间和精力之前，需要合理地确保他们花费时间和精力来参与是值得的。

"解决方案"的思想始于我们仔细观察工序中的问题发生点（从我们专注于所选择的部分——优先级问题开始）并反复询问"为什么"，直到确定根本原因为止。此活动明显与先前解决问题的活动有所不同。在这里，我们需要与直接参与该流程的人员进行深入讨论，以确认我们的结论是否正确。这个想法是，除非能让他们认同根本原因，并且证明可以在现场再现问题，否则很难确认我们已经做出了正确的决定，同样，即使我们是正确的，也很难实施解决方案。

"解决方案"为其他人参与对工序中的问题发生点提问"为什么"创造了条件。一旦达成共识并确定了根本原因，我们便会进行设计、测试、实施和记录消除根本原因的解决方案。

# 第7章 解决方案

我们在追求精益的企业中看到的误解之一，是在做成了甘特图之后，流程所有者才被带入对话之中。这只是依循了传统的想法，即"讨论"只是附带的工作，有点像是锦上添花。

在丰田，由于我们意识到人员和工序是密不可分的，因此将与员工的讨论内建到工序之中。如果我们贸然行事，不让工序中实际作业的员工参与讨论，我们的培训师就会说："这是失败的。这些人不应该只是发现在对策步骤中发生的变化，他们需要从一开始就加入我们以达成问题是什么、我们要如何衡量问题的共识。"

因此，我们通过思考和衡量来引导我们确定差距，最终确定问题的发生点以及希望实现的目标。然后，我们会问诸如"你看到了什么？你有什么意见吗？我们可以一起去现场看吗？"的问题。

在这里需要非常谨慎的部分原因是，当我们将关注点移到流程中的问题发生点时，事情就会变得无法预期。在这一点上，很多事情看起来都像是根本原因。因此，此时会有不耐烦的倾向，直接从这个阶段跳入结论。

例如，似乎可以绝对确定有人没有遵循标准作业。但是，除非我们在此过程中与操作员协商，否则我们永远无法确定是否真的是这样。我们在培训课程上开玩笑地说，很容易采取"五个为什么和根本原因"的方法，我们也想提醒人们，"嘿，我们之前曾看过这个"这句话可能是是一种假设，而不是事实。

问题是，假设通常会导致个人和公司的非增值时间。此外，如果流程所有者看到他们的领导者仅是基于假设，却以牺牲人员为代价来决定事情的话，那么相互信任和尊重将会很快消失。因此，在着手"解决方案"时，我们必须始终"掌握现状"。

所有这些都强调了为什么遵循"五个为什么"和"根本原因"的方法是如此重要。人们有时会问，为什么必须有五个为什么呢？而答案是未必一定是五个为什么，有可能是两个，也可能是七个，关键是培训师使用了"五"的警语，因此我们总会很快地想起第一个或第二个为什么，并始终要警觉于表面上看不见、意外的"为什么"的可能性。

当然，我们的询问很可能会发现一位或多位未遵循标准作业的人。这通常并不表示懒惰或故意的疏忽——可能是由于诸如文档的质量差、资源不足、监察流程不充分或培训不足之类的因素。但是，当质疑员工自己的工序时，他们可能会心生防御感，因此我们需要尊重他们，以赢得他们的信任与避免掩饰。如果员工不愿意向我们透露真相，那么在许多情况下我们将无法发现真相。

此外，如果我们不让员工参与进来，这些员工就会在我们后续的活动中一起对抗我们。他们可能会说："为什么我要改变我的工序？其他人员才应该要改变"或"为什么我必须以这种方式来做？我的方法才是有效"或最常见的说法："我们一直都是这样做的。"

## 7.1 协助改变

你可能还记得，我们引领改变的"新兵训练营"是品管圈。在这里，我开始克服了向众人说话的恐惧，并开始培养我凝聚共识的技能，这也是我参加晋升班长前的"准备会议"课程时得到的帮助。

总的来说，TMMK 的所有员工都习惯于为了达成共识，提问问题背后的想法。主要想法之一是，你不会在没有认真倾听少数派意见的情况下，使用"少数赞成多数的规则"——更正确的说法是，使用一个"不要忽略任何意见"的规范。凭借每个人都会遵循"真北"的系统，不难理解这种方法为何如此重要。

让我们看一个简单的示例，说明在与流程中的人员一起工作以确定根本原因时，所有这些如何发挥作用。让我们来看一个熟悉的情况：

问题：我工作迟到了。

- 为什么：我无法准时去上班。
- 为什么：我的车子无法发动。
- 为什么：蓄电池失效了。
- 为什么：蓄电池没有电。
- 为什么：发电机无法给蓄电池充电。
- 为什么：发电机的传动带断了。
- 为什么：发电机传动带会磨损。
- 为什么：没有根据汽车维护计划更换发电机传动带。

这里有几个要记住的要点。首先，我们不仅试图要使汽车再次行驶，还试图找到确保事故不再发生的方法。因此，仅仅是更换电池（可能的第一个反应），或更换发电机传动带，也还是不够的。

为了找到根本原因，我们将从工序所有者那里收集一些信息，他们可能会把任何提问看作是责备，或者他们可能对所涉及的工序没有清晰的了解。让你的机械师或汽车经销商承认他/她没有遵守维修时间表，这需要很多信任，也许，这可能会要求他们扩大自己的思考方式。

现在这里有另一个挑战，在问这些为什么时，你可能会遇到许多似是而非的可能性——对知识受限的人来说，这些可能性不是显而易见的。实际上，你确定的每个可能原因可能又有其他几个原因。其思考链可能会遵循图 7.1 所示的根本原因流程图。

因此，在很多情况下，从发生点的角度出发，需要一些实地的经验知识来梳理这些问题。就汽车的例子而言，打开发动机盖时，我们当中很少有人能够诊断出电池是否损坏、接线是否有问题、发电机是否损坏或发电机传动带是否损坏。因此，再一次证实，我们必须去现场询问知道这些事情的人，而且如果我们想让

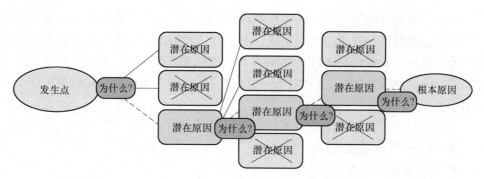

图 7.1　根本原因流程图

我们的解决方案具有可持续性，就需要他们的支持。

## 找出根本原因

艾伦·坎德尔（Alan Kandel）
跨国化学公司方法与工具全球主管

　　公司的主要价值观之一就是努力成为可持续发展的领导者。因此，无论是通过回收、减少还是持续改善，我们一直在努力改善我们的用水量。显然，若要改善任何事情，你必须能够对其进行衡量。我们的一位工厂经理从事减少用水量项目。他在工厂的一个位置（主水表）上测量了用水量。但这样的做法，很难了解工厂内部主要用水的位置。他们决定在工厂的关键点和部门之间进行艰苦的跟踪和测量用水量的流程。通过这样做，他们能够分解问题并遵循解决问题的流程。该工厂经理最终发现，由于阀门损坏，大量的水流失了。在大型工厂的偏远地区，这并不容易被发现。

　　因此，他的反应是："我发现阀门坏了，我们将其更换了，没有更多的水损失了，问题解决了，对吧？"让他了解阀门不是真正的根本原因需要一点说服力。为防止问题再次发生，我们必须找出真正的根本原因，问："为什么阀门会损坏？"我们必须指导他继续进行思考，通过方法论向前推进，并指出，如果你只是更换阀门，那么问题将在未来的某个时候再次出现。最终，发现根本原因是预防性维护计划，以及用水量测量系统。通过对这两个根本原因的了解，工厂能够提出解决方案以确保阀门不会再次损坏。

　　该员工脑海中闪过的念头是："哇，你知道的，我并没有真正解决问题，而只是在修补它们。"当他们真正以这种方法论来工作时，认识水平就会提高许多。这就是特蕾西和埃尼从一开始就试图教给我们的东西，但是除非你体验过，否则很难理解它。

在像丰田这样的工厂中，确定根本原因可能非常复杂。例如，根本原因和表面症状可能得通过一连串事件联系在一起。在这种情况下，千万不要脱离其所处的环境。通常，这是由对 KPI 的影响或"组织的痛点问题"，或者它可能是由最优先的安全问题决定的。无论如何，必须弄清楚为什么组织会从我们解决这个问题中受益。

我和埃尼通过多年的经验发现，根本原因可分为三类：
- 缺乏标准作业或流程。
- 没有遵循标准作业。
- 错误或是无效的标准作业。

因此，我想说，若不了解所涉及的流程，将很难找到根本原因。最好是能从标准作业中来找到它，但是如果当时没有可用的文档，则我们必须将其整理出来——如果有人正在创造一个产出、产品或是服务，那么其背后总会有一个流程。事实上，可能并非全部的流程所有人都能一贯地重复这一流程，但通过让每个人都参与到一个相互学习的过程中，我们可以得出一个适当文件化的标准，每个人都尽责遵守这个标准，直到这个标准得到改善。

### 一个新的思考方法

**保罗·特拉汉（Paul Trahan）**
跨国化学公司顾客质量总监

我认为，影响最大的是让人们了解到他们必须避免直接跳到解决方案，并花时间在 PDCA 循环的计划部分，以便他们在进行下一步行动之前正确无误。当有人开始以这种方式解决问题，并说："哦！这竟不是我原先期望的结果"时，真是令人高兴。真正的好处是，当人们正确地执行这样的做法时，他们会为自己确实地解决了问题而感到满意。

## 7.2 筛选出空白

寻找根本原因最重要的挑战之一是，区分表面上的根本原因和真实的根本原因。如果我们去实地观察，我们会看到许多似乎联系在一起的情况，例如在一天的特定时间发生的类似事件，特定团队成员作业时发生的不良，变异似乎受到环境因素变化的影响，或与外部（供应商/商家）因素一致的事件。

因此，当我们一再通过问"为什么"寻找根本原因时，我们必须特别注意症状之间所谓的"空白"。这就是我们认为存在"因果"关系的地方。这里真的有连接吗？还是只是看起来像那样？我们可以通过询问"为什么"，从结果到原因，沿着因果链往下来进行检验，然后可再反向从可疑的原因到结果往上问"因此"来进行复验。双向都有意义吗？我们需要认识到我们人类有过早地将各单点连接起来的倾向，在前进之前，请确保我们有绝对的把握，并确认了导致根本原因的"为什么"链中的每个链接都是牢固的。

最大的危险是，我们会陷入因设计不良的流程而责怪人。例如，如果我们研究为什么预防性维护计划未被遵循，那么许多人会倾向于说："嗯，某某人很懒所以没有遵循预防性维护。"但这是一种观点，而不是事实。如果我们继续问为什么，我们可能会发现没有按照标准提供预防性维护程序，或者培训不充分。

在丰田，我们的想法是基于人们希望做好工作，只要有这样的机会，他们就会这样做。习惯性地在你的 A3 里将根本原因归咎于人，不仅会被视为对人的不尊重和没有效率，而且不科学。如果实际上是涉及了人事的问题，则将由人力资源的管理政策来处理，它有自己纠正措施的流程。但是，只有在我们能充分证明作业流程本身不会对所涉及的员工构成任何障碍之后，才会采取此措施。

这里的主要教训是，无论我们认为根本原因是什么，唯一具有决定性的测试是症状能够因被识别为造成问题的根本原因如开关般地开闭而排除与再现。

## 7.3　多个根本原因

当我们逐步寻找根本原因时，并不能保证只有一个原因，而且在复杂的环境中可能会有很多个根本原因。例如，材料短缺和运输问题都可能导致延迟交货，甚至可能还有许多其他问题，例如人力问题、供应商问题或客户要求延迟交货日期的压力。

当我们遇到多个根本原因时，我们需要再次应用比萨类比。正如我们无法解决世界性的饥饿问题一样，我们不能期望在一个项目中消除超过五个根本原因。太多的根本原因，甚至两个根本不相关的原因，都表明了我们可能没有充分的分解问题，以便让所有的部分都是可管理。

这意味着你必须回头，并重新考虑之前的步骤。在许多公司中，这被视为失败或挫折。但是在丰田，这只是学习过程中的另一步。我们总是习惯于回头重复流程步骤，以了解可能被忽略或未被验证到的内容。

## 7.4 在可靠汽车制造公司寻找根本原因

克莱顿和布罗迪先生在装配线上又花了两天时间，与已经完成和尚未完成品管圈主题报告的人员进行了交谈。他们研究了成功的项目，以了解大家是否有需要克服的障碍，还研究了已经开始但却没有继续的品管圈项目。这很困难，因为在某些情况下人们不会费心去保存从未实施过的项目记录。

布罗迪先生说："记录你在此过程中的进展和失败是很重要的，这些是你最有价值的教训，我们必须随时准备与他人分享。记住，品管圈的主要目的是培养人才。如果你放弃所有教训，那如何培育人才呢？"

克莱顿看到这是他们文化中的另一个隐藏的问题，因此将其写到他的笔记本上。

当他们继续与员工交谈时，他们关注了四个潜在原因：
- 团队成员是否在品管圈流程中没有得到足够的培训？
- 团队成员的技能不足以发现他们流程中的异常情况吗？
- 装配部门的士气低落，使得员工不愿意参与吗？
- 对于发现异常情况并想要启动品管圈流程的人员的支援不足吗？

在与目前参与品管圈计划的人员进行了多次对话，并与团队成员进一步确认后，大家普遍认为，支援不足是阻碍更多品管圈项目的主要原因。

克莱顿说："太好了，现在我们知道需要更多的支援，那我立即雇用更多的人。"

布罗迪先生说："少安勿躁，我们仍然不知道为什么大家没有得到他们所需要的支援，所以我们真的不知道雇用人是否是正确的解决方案，我们需要不断问'为什么'，直到找到答案。"

克莱顿要求阿什利协助调查。她问团队："为什么？团队成员觉得他们在整个流程中得到的支援不足吗？"阿什利继续问"为什么"，直到团队将问题归结为缺乏资源——该部门没有资源和组织结构来支持品管圈协调员这个专门职务。

阿什利走到白板上，仔细地绘制了得出此结论的整个逻辑链（图 7.2）。

很明显，下一个"为什么"将使对话超出计划的范围。

"很好，"布罗迪先生说，"这是我们的根本原因，现在我们已经准备好进行计划对策了。"

缺乏资源和组织结构意味着这是比克莱顿所预期的更大的问题，但他下定了决心。他说："我将与我的管理团队会面，我们将确保解决此资源问题。"

布罗迪先生说："您必须与在此流程中的员工协商。""他们拥有流程，如果没有他们的积极支持，你的解决方案将会失败。"

第7章 解决方案

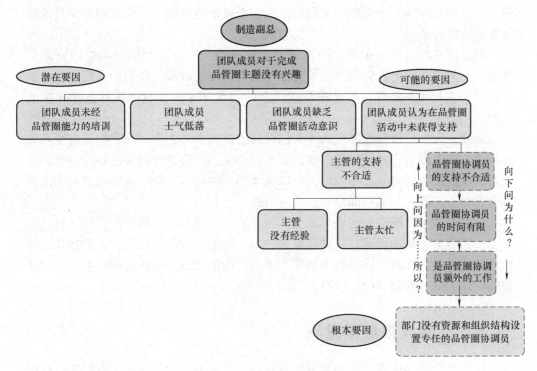

图 7.2　在发生点问"为什么?"

## 7.5　制定行动计划

正如我们一次又一次看到的那样，越接近问题，就越倾向于说："我们现在有了解决方案。让我们行动吧。"但任何人要正确找到根本原因都将经历很长的路——从查看情况到将事实与假设分离、标定问题的发生点、制定合理的目标，最后才确定根本原因。正确完成这一思考程序是一种自然的自信心增压器，使人们在构建自己的解决问题能力和指导他人的能力时，可以更轻松地领导和学习。

然而，再一次，这是我们必须耐心和遵守纪律的地方。为什么？我想你已经知道答案了——都是与人有关!

丰田不断地强调要从人的角度出发而不是从结果的角度出发进行思考，并避免说出诸如"让我们快点完成这一工作——谁在乎员工的想法?"之类的话。再说一次，我们的领导者意识到这种方法会如何导致挫折感和昂贵的返工，他们允许"思考空间"，这样大家就不会感到是被迫匆忙地完成该流程。

他们担心的部分原因是士气，在这里我喜欢使用树做比喻。如果你砍一棵树,每次都砍掉作为士气的一大段树干,那么树早晚会倒下。我们经常在其他公司看到这样的情况。

确定根本原因和"思考空间"的严谨方法是我们在品管圈活动中所开发出来的一些关键领域。我们根据点检表控制我们的活动进度,我们的品管圈领导者不仅要关注PDCA流程,而且还要注意会议的召开方式,允许各种意见并达成共识。

因此,大家的参与始终嵌入于我们设计改善的方式之中。当我们提出涉及大量预算,需上级主管才能批准的解决方案时,他们不仅查看财务底线——他们还查看了我们开会的时间、参与的人员以及所涉及的内容,所有这些都被视为流程所有者是否正确思考的一部分。

一些习惯于传统决策的人可能会认为,若遵行所有这些规则,并且对每一个思考步骤负责,是不可能完成任何事情的。实际上,情况恰恰相反。正如我们前面讨论的那样,这种纪律在整个组织中得到广泛地实践,并成为第二天性,就像你能确保上班不迟到30秒一样!

## 7.6 头脑风暴最佳思路

这种想法使得提出可能的对策相对容易。实际上,如果查询的流程能够按应有的方式进行,则制定对策要容易得多,也比较自然,就像打开闸门一样。

对策的计划通常遵循三个步骤:首先,我们尽可能收集多的对策,然后通过考虑它们的异同来对其进行分类,最后对它们进行验证。

步骤1:收集对策

此处的目的是收集尽可能多的潜在对策,从流程中消除根本原因。重要的是在这里要保持开放的态度,搁置我们的批判性声音。

主要的想法是要避免任何限制性思维,并允许想法流动。有时,"搭便车"的方法也能起作用,即给出一个想法,其他人在此基础上再做努力,这往往会带来最佳解决方案。无论如何,不存在什么坏主意的想法,也不要对"遥不可及"的想法泼冷水。我们还得鼓励安静的人发言,就像我的同事多年前为我做的那样。解决问题总是需要一个安全的环境,在那里可以自由地提出想法,而不必担心被嘲笑。

步骤2:按类别将对策分类

一旦列出了可能的对策,下一步就是探索它们的共同点和差异。为此,我们可以创建适于解决该问题的类别。例如,有些可由现有人员就能消除其根本原因,而另一些可能需要导入外部资源来实现这一目标。

有些想法可能非常相似或几乎相同,而有些可能存在离群的想法,也就是与其他想法不一致。这些都不是坏事，我们在这里所做的事情就是评估各种可能性，这有点像是做出一份详细的对策清单。

步骤3：验证对策

在这里，我们将仔细研究每个潜在的对策并进行测试，我们会问两个问题：

- 思考对策背后的想法，这真的是我们可以消除根本原因的最佳对策吗？
- 我/我们需要采取什么行动来实现这一目标？

提出这些问题往往有助于将可能性强的和弱的对策区分出来。

## 7.7 缩小可能性的差距

一旦有了一个潜在对策的明确清单，我们就会采用更为批判性的思考方式，在此我们会提出一系列棘手的问题。此时，我们不会扩大调查范围，而是在寻找潜在的不利因素。

这是我们在研讨会中使用的问题列表：

- 这对策是否可行？
- 对谁有影响？下一道工序？其他部门、工厂、人员？
- 成本是多少？
- 对策的有效性是什么？
- 它对公司的 KPI 有贡献吗？
- 是否需要一套技能来实施？
- 我们是否拥有实施该对策所需的所有资源？

这里最重要的问题还是关于人，以及所提议的变更将如何影响他们。首先，会对在此工序中的人员产生直接影响，他们是否必须接受培训以遵循新的标准作业？当他们适应新工序时，是否会涉及一些初始压力呢？

还有这样一来，可能会对工序以外的人产生影响。例如，它可能会改变我们为外部客户提供服务的方式，要求人们进行调整；或者可能需要我们的上游供应商提供一些额外培训或工序变更。

认真研究潜在的合规性问题也很重要。当我们实施解决方案时，变更可能会带来无法接受的安全风险而立即喊停。另一方面，它可能危及对政府法规的遵守，或影响客户所习惯的标准。较大的变更甚至可能对周围社区产生负面影响，例如，提高了噪声水平。

为了跟踪每种解决方案的利弊，我们根据几个简单的标准评估每种可能性，例如：

- 成本

- 可行性
- 效果
- 影响
- 风险

评分系统各不相同，许多公司使用简单的 3 分评分系统，而有些公司则喜欢 10 分系统。无论你采用哪种评分方法，请记住，评分是有根据的意见，并且它们也与其背后所代表的想法一致。

有时在品管圈活动中，我们会让大家举手表示意见，看看有多少人会支持每个潜在的想法。然后，我们会回到较受欢迎的想法，并询问持不同意见的人是否愿意支持该想法，因为该小组已对此有很好的共识。我们还将询问他们不满意对策的哪一部分，以及如果有所改变他们是否愿意支持。

有时会有一个非常坚持已见的异议者。这时，品管圈负责人会说："我们一起去现场观察吧，我想通过你的视角观察它。"然后你去该工序现场，你可能会发现这个人遇到一些私人问题。另一方面，这个人也可能已经意识到该小组其他人忽略的一些事情。

我们不想让任何人掉队，这在以传统方式营运的公司里会让人感到不耐烦。但是在丰田汽车，我们从来没有忘记培养员工和维护该种文化的重要性。

此外，培训也至关重要。我们被教导要在员工困惑的时候开会讨论。我们学会了如何处理某个人所热衷的创意遭到拒绝，而我们需要那个人的支持才能继续的情况，也学会了如何聆听有人不高兴的迹象。这些人际交往的技能在任何环境中的管理都是必不可少的，尤其是在以人为本的环境中。

我们遵循的另一个重要步骤是，保留几个具有潜力的"B 计划"，作为所选定的解决方案在进一步研究之后不成功或被证明不可行的候补计划。另外，如果永久解决方案在合理的时间范围内不可行，我们可能需要临时解决方案来暂时缓解症状。

重要的是，不要将思考"B 计划"的步骤推迟到需要的时候才开始——打铁要趁热，在所有计划基准都还在活动挂图上，并且每个人都还在思考对策、记忆犹新的情况下，就要制订那些备用计划。

## 7.8 获得支持的特效药

一旦确定了最佳对策，我们便与所有受到影响的利益相关者接洽，并说："这是我们计划要做的事情，这是我们要实施的地点，这是原因，这是工作方式。"但是，我们通常都会接着说"你认为如何？"

获得支持不只是要人们说"是"，更合适的问题可能是："你认为我的对策

是否正确,你能想到可以改进此计划的其他方法吗?"利益相关者可以在以下各方面提供更多见解:
- 技术方面的牵连,例如改变将如何影响IT或IT可以如何提供帮助。
- 你没有注意到的排程问题。
- 最初调查问题时还不知道的新进展。
- 曾尝试过类似计划的实例。
- 团队和个人问题。
- 与其他改善措施相冲突。

包容性在这里很关键——至关重要的是,在将改变纳入任何形式的正式计划之前,利益相关者必须感到自己的意见已被听到。此外,对于团队来说,没有什么比因为没有咨询所有利益相关者然后错过一个"潜藏的"喊停者,而使得整个项目停顿的沮丧更大了。

简而言之,建立共识就是要尽可能地让每个利益相关者动脑筋来参与,使每个对策都能达到最佳状态。如果做得正确,这就是人们通过共同思考而可以完成事情的胜利。

## 7.9 可靠汽车公司向解决方案接近

在确定了装配缺乏对品管圈项目支持的根本原因后,克莱顿和阿什利与精益协调员鲍伯协商,他们在装配区选择了有代表性的志愿者团队,制订了一个计划,给品管圈负责人提供更多的支持。

我们鼓励参与者分享尽可能多的想法,即使这些想法看起来非常不合常规。他们考虑聘请专门人员负责该部门的质量控制工作,由人力资源部门为品管圈角色提供资源,并考虑将品管圈负责人的职责由班长和组长轮流分担。令克莱顿惊讶的是,一位团队成员提出了一个新颖的想法——重新平衡部门的工作量,使品管圈协调员成为全职角色。

然后,团队根据有效性、成本和风险评估每个选项,根据评估结果,该小组决定继续进行工作内容再平衡的选项。

该计划远比克莱顿想象的更雄心勃勃,但它是由现场的员工所提出的。通过重新平衡工作负荷以腾出时间进行更多改善,他们以最低的成本获得了最佳的解决方案。此外,这对现场的员工也是一个挑战,大家对他们的能力表现出极大的尊重,克莱顿指出,这正符合他培育人才的目标。

克莱顿兴奋地说:"现在我们有了一个大家都同意的明确方向,下周我们聚在一起制订一项可以由团队实施的项目计划。"

> **共同的语言**
>
> 艾伦·坎德尔（Alan Kandel）
>
> 跨国化学公司方法与工具全球主管
>
> A3流程的一大优势在于它为人们提供了解决问题的共同语言。如果我是负责解决某个问题的工程师，并且我正在与供应链中的某个人交谈，那么在某些情况下，可能很难对要解决的问题，首先要解决哪一个，其次要解决哪一个问题等建立共识。但是，当你谈论到分解问题，或设定目标，或知道你不打算立即进入根本原因分析时，每个人都将专注于并理解手头的任务。由于会议室中的每个人都具有同样的理解，因此团队可以更快地找到解决方案。

## 7.10 制定实施计划

在这一点上，我们还要走很长的路。当然，创建项目计划通常是传统的公司的第一步，在传统的公司中，人们甚至不去现场观察。

在丰田一旦我们走到这个程度，我们已经根据事实进行了彻底的调查，并使用科学的方法对其进行了分析，与所有利益相关者进行了有意义的协商。

当我们以这种方式工作时，我们制定的实施计划就不会太冗长或复杂，因为我们不会涉及没有在现场讨论或检视过的任何内容。该计划只是对我们将继续进行事项清单的确认。它还包括计划中各个角色的职责的分配，以及完成时间表。

作为总体指南，重要的是要确保该计划明确了四个W：

- Who：谁负责完成每个特定步骤或行动？
- What：该责任人的角色和责任到底是什么？这个人需要哪些训练或培养？在此步骤必须牢记哪些风险或困难，以及如何减轻这些风险或困难？
- Where：这项行动将在哪里发生？与其他部门是否存在着协调问题？
- When：此步骤何时开始，何时完成？这里，我们必须保持一些弹性，因为围绕着生产进度的约束条件可能会有所变异。

同样重要的是，在每种情况下，要指定如何完成工作，以及需要花费多少，无论是通过使用资源还是财务成本。

角色分配因情况而异。分配的标准之一是该责任人解决问题的经验。当我担任组长时，经常提醒班长（通常是品管圈负责人）不要让过多的责任压垮他。

另一方面，我们希望让人们尽可能地接近他们自己的工序。因此，如果有人必须按照不同的标准作业来作业，那么其结果最好是由那个人来衡量。（在熟悉的地方作业，因而自在。）

有时候，我们需要一些特殊技能。例如有些人之所以被赋予责任，是因为他们具有出色的艺术能力，可以使活动挂图上的东西看起来很漂亮，或者可以在目视管理板上创作出漂亮的图示。如果有人具备该项技能，我们会问团队："每个人都认可让这个人作图或画插画吗？"

最后，培育相关人员是当务之急，有时领导者会给我们一点推力，让我们脱离舒适区。我的组长大卫·梅尔曾说："我们要在主管们面前做一个演讲，他们想看看我们的品管圈流程，特蕾西，你愿意进行五分钟的演讲吗？"

这就是他第一次让我站在麦克风前。

## 7.11 实施团队挑大梁

当可靠汽车小组在第2周见面时，现场的气氛异常活跃。参加者都了解到，这不仅仅关系到他们的工序，他们还正在尝试一种大胆的新方法来实现公司的目标。

团队非常有条理。他们需要根据人们的能力和最少的投入来重新平衡他们的作业，从而确定每个职位的最佳人选。他们知道必须规划所有正在重新平衡的作业，并同时确定品管圈协调员的确切职责。最后，必须为所有步骤指定工序所有者。

图7.3所示的计划已张贴在墙上。布罗迪先生说："现在，要由我们的人来

| 实施什么 | 谁 | 在哪 | 何时 | | | | |
|---|---|---|---|---|---|---|---|
| | | | Oct | Nov | Dec | Jan | Feb |
| 1.与每一位品管圈成员一起创建试验流程图，显示平衡潜力 | 专家 | 每个部门 | 评估-计划 | | | | |
| 2.根据绘制试验流程图的结果，调查完成品管圈协调员角色所需要的所有职责 | | | | 评估-计划 | | | |
| 3.如果适用，探讨是否需要一名以上的品管圈协调员，或与几位团队成员分担责任 | 协调员 | | | | 定义-提案-同意-沟通-实践 | | |
| 4.在分配了品管职责之后，制订详细的沟通计划 | | | | | 与所有利益相关者沟通 | | |
| 5.在品管圈活动板上征求反馈意见，以继续改善每个部门的活动 | | | | | | 督导-回馈-调整 | |

图7.3 实施计划

执行该计划了。他们现在属于这个工序，我们必须信任他们去做这些工作。我们现在所能做的就是等待。"

## 7.12 最终——开始"执行"阶段

　　一旦进入了"执行"阶段，我们就要开始在工作环境中进行实质上的改变，强度就会增加，步伐就会加快。在这里，我们正在改变员工的工作，我们必须迅速果断地采取行动，最大限度地减少干扰，并尽快发现任何困难。一旦进入这一阶段，重点就是迅速而有意识的行动，同时为障碍做好准备。为了说明这一点，丰田在其手册中绘制了火箭穿过墙壁的图形。培训师意识到，我们可能会遇到一些阻力，因此鼓励我们在这里"绝不放弃"。

　　因此，尽管大部分工作已经完成，但执行可能是最艰巨的，因为我们实际上正在改变员工的工作。例如，可能需要重新分配角色，可能必须对人员进行新技能的交叉培训，或者工序可能会以更少的人员来作业。这些更改可能会影响内部客户，甚至外部客户。是的……可能会出现意料之外的延误、后果或问题。

　　最后，人们可能会被拉出他们的舒适区，正如我们提到的，这在丰田通常被认为是积极的，也就是说，彼此间须对此做法有足够的沟通。

　　TMMK 的报告和沟通机制非常彻底，其标准流程包含如何收集数据、检查每个步骤的进展，并向利益相关者做报告。

　　这背后有一个有趣的故事。我曾听过一位培训师通过翻译与大卫·梅尔的谈话，翻译问大卫："你今天吃菠菜吗？"然而，第二天我又听到他再问了一次，认为这有点奇怪。所以我问大卫："菠菜是怎么回事？为什么他一直问你？"

　　大卫笑着说："日语中的菠菜一词是 horenso。HoRenSo 也是我们用于 Hokoku、Renraku、Sodan 的缩写，表示报告、沟通、谈话。所以他问我是否让所有的人都了解我正在做的这个项目。"

　　我喜欢这个比喻，因为沟通可以像菠菜一样会使你变得更强壮。但是，我们使用了一个不同的类比，那就是 360°沟通（图 7.4）。这种报告方式是 TMMK 早期就向我们灌输的另一件事，并且是问责制的支柱之一。在我们的"品管圈"中，我们也定期报告流程的进展情况，这就是品管圈负责人确实负起项目责任的方式。

　　这里面也有一些实用的含义。当项目让人们接触新领域时，迅速分享负面消息是非常重要的，因为这可能会影响人们对项目的看法，并且可能还需要投入额外的时间。负面消息也可能是需要花更多时间来解决的不可预见的并发症，或者是需要制定应急计划的信号。

　　但是，最重要的关注点始终在于人，并且对改变可能给他们带来的任何影响

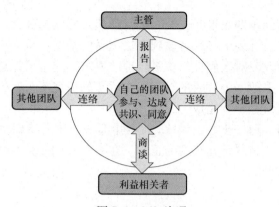

图 7.4　360°沟通

表示最大的尊重。无论项目的范围如何，要记得培养人始终被视为首要任务。

在我们的研讨会中，我们使用图 7.5 中的沟通进度管理表来确保在各个阶段都进行了完整、及时的沟通。

| 实施步骤 | 报告<br>(主管) | 连络<br>(其他团队) | 商谈<br>(利益相关者) | 评估 |
|---|---|---|---|---|
| 步骤1 | ○ | ○ | ○ | ○ |
| 步骤2 | ○ | △ | ✗ | △ |
| 步骤3 | ○ | ○ |  | △ |
| 步骤4 | △ | △ | ✗ | △ |
| 步骤5 | △ | △ | △ | △ |

○：已经沟通了　　△：部分沟通了　　✗：还没有沟通

图 7.5　沟通进度管理表

## 7.13　应对失败

有句老话说，如果你没有计划，你就是在计划失败。我们对此略有不同的看法。丰田比我所知的任何公司都更善于运用详尽的计划来减少失败的可能性。但是，它也知道，无论你制定多少计划，都无法保证成功，我们必须始终保持现实的看法，并为失败做好准备。因此，如果我们失败了，我们也有一个应对失败的计划。

在丰田，"失败"并不意味着是退出的时候。我们既然已经确定了问题和根本原因，就必须消除该根本原因。因此，我们的培训师始终强调，我们绝不放弃。

当对策无法达到预期效果时,第一个行动就是要问为什么,并找出导致失败的确切原因。也许在计划中必须考虑到无法预料的情况;也许存在一个没人见过的不良;也许这种改变对人们提出了不合理的要求。这也可能意味着需要更多时间;修改计划,或采取一个暂时的对策。在后者的情况下,直到解决了根本原因之前,解决问题的流程不算完成。

无论结果如何,退一步并重做 A3 的步骤都不会让人感到羞耻。持续改善就是反复试验,因此应将这种迭代视为正常。在一个我们一直在学习的环境中,我们总是一直在前进的。

# 第 8 章

# 进行标准化

正如我们在本书中所讨论的那样，TMMK 到处都有标准作业，而"活着"的标准作业已融入我们的日常思维之中。这种同化是基于员工的高度信任，即标准作业的存在有充分的理由，因为它可帮助团队成员不断提高作业水平以使客户和公司受益，从而帮助人们达到他们的期望。我们从来没有将标准作业视为障碍，因为我们理解"为什么"要这样做，不断地了解标准作业背后的思想，有助于我们一目了然地看到异常。

当我们改善标准作业时，必须意识到我们正在改变已经成为他人自然思维方式的事物。危险之处在于，当你要求人们在不参与其中的情况下做出不同的行为时，这种变化会在非常个人的层面上引起抵制。

另一方面，丰田文化中的人们又非常能适应改变，并理解标准作业始终处于演化的状态中。其想法是"最好的已知方法"总是可以变得更好。实际上，一旦流程变得稳定并且事情变得自在，人们就开始期待改变赶快发生。但如果标准作业太长时间停滞不前，我们的培训师通常都会认为这是一个问题，他们会说："这太容易了！"

因此，标准作业处于演化的各个阶段。这意味着人们不仅要意识到自己现状下的标准作业，而且还要意识到每个标准作业在演化、改善循环中的状态。为了帮助人们保持这种意识，我们开发了首字母缩写 DAMI，代表：

- Define（定义标准作业）：根据内部和外部客户需求定义所期待的结果。
- Achieve（建立标准作业）：建立具有可预测性和可重复性的标准作业。
- Maintain（遵守标准作业）：遵守和指导标准作业以实现预期的结果。
- Improve（改善标准作业）：提高标准作业的标准，有意识地创造一个差距。

在我们的工作坊中，我们建议人们使用 DAMI 来对每个标准的当前状态保持头脑中的印象。我们发现这是一种在组织中可视化持续改善进展的有效方法。

## 8.1 有纪律地改变

在丰田的改善文化中，任何采取行动来改善标准作业的人都必须能够基于具体的效果来证明"为什么"。不能说："我们做了一个项目，因此需要改变你的标准作业"，而是要能说："与工作人员一起改善，我们找到了一种缓解问题的方法，能够满足客户的需求，并且已经证明采用新的标准作业将使我们有所进展。"

本质上，任何导入新标准作业的人都必须通过制程的效果确认，所提议的改变确实能够弥补预期的差距。这包括在非常仔细观察结果的基础上达成共识，并将它们与我们之前发现的差距联系起来。

因此，在前文所述的8个步骤中的第7步中，我们要进行以下特别的尽职调查，然后才能宣布一项新的对策将成为标准作业。我们从最根本的问题开始：对策是否达到了我们的目标？这里的重点是要客观，而不要试图用"是的，有点"这样的话来"美化"我们的结果。我们需要明确回答该对策是否达到了KPI所定义的贡献于公司的最终目标，是否满足了内部和外部客户的需求，而且非常重要的是我们在整个过程中学到了什么。

事实是，如果对策未能达到预期的目标，这并不是失败，而是意味着需要做更多的工作来消除根本原因。而且由于已经确定了根本原因正在阻碍我们达成目标，因此仍然迫切的是我们必须以开始项目时的决心来继续下去。

在这里有不同程度的介入方法。有时我们会回到流程中，以确保在实现的过程中没有忽略某些内容。有时，我们会采取短期或临时的对策，这将使我们有时间为更长期的对策重新检视问题。这完全取决于当时的情况。但是，无论情况如何，在完成对策的试验和测试，并且证明对策完全解决了根本原因之前，没有任何措施能真正称为解决方案。

但是，我们的查证不仅限于确认结果，还研究项目本身，以及计划和实施的效果。有没有更好的方法可以做到这一点？参与的人员对这个过程是否感到满意，他们是否发展出了新能力？

为了帮助您了解这里的全局，我们在课程上讲授了一种方法，称为"反向阅读A3"。从本质上讲，我们按反向顺序查看前面的步骤，以确认所建立的前后脉络的联系（图8.1）。

例如，当我们在步骤6中实施对策时，是对我们在步骤4中所寻找到的根本原因进行了真正的验证，还是因此发现了可能走错路的迹象？我们所确定的发生点是正确的吗？还是因为其他不合规定之处而导致问题？我们是否真的弥补了我们在项目开始时就承诺的差距，而且，我们是否可以证明这是消除根本原因的结果？

这些问题特别切合实际，有时候项目的计划或执行阶段不理想，但因为我们

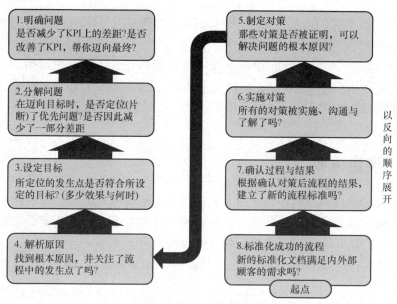

图 8.1　反向阅读 A3 报告

运气好，却获得丰硕的成果。当然，在传统公司中，每当管理者有这样的好运气时，他们可能就会立即因其出色的表现而居功。在 TMMK，我们非常了解这种趋势，并要确保结果不仅仅是因为掷骰子的好运气。

一旦我们彻底分析了结果和流程，便可与利益相关者分享我们的想法。请注意，在实际创建新标准作业之前，要再次验证我们的想法，这次是与让新标准作业可以成功所依赖的人们一起进行验证。

### 一个 A3 的新做法

谭雅·道尔（Tanya Doyle）

精益文化教练

A3 作为某种工具被大量使用，但实际上，A3 只是欧洲纸张的尺寸，我们用它来记录我们的想法。特蕾西充分地说明了 A3 不仅是要写下很多步骤，还可以回答诸如"我为什么还要谈论这个？"和"我到底想解决什么？"之类的问题。

在特蕾西的第一堂课中，我有点像根据 A3 练习动作，并逐步完成各个步骤。我以为自己做得很好，有了自己的目标，然后有了当前状况。当她轻拍我的肩膀时，我已经完成页面左侧的一半了。

> "嘿，如果我们退后一步，从右边反着走到左边，你的对策真的会解决这个差距吗？"
>
> 这就像我们小的时候，用减法或加法来验算算式一样。在这里，我们已经完成了工作，现在正在检查以确保它可以一直反向倒流回去，并且它将解决我们原来遭遇的问题。对我来说，这是一个巨大的"惊奇"时刻。

## 8.2 展望未来

在完成对项目本身的评估之后，我们进入了尽责查证的另一个阶段——询问新标准如何可以适应于工作环境。将此对策作为新标准，工作环境会产生什么样的变化？我们从几个不同的角度来解决这个问题：

- 我们的客户能够从这一变化中受益吗？如果答案是能够，那客户如何受益呢？
- 这一变化是否会帮助我们朝着公司目标前进？
- 新标准对我们员工的日常工作和长期发展是否有好处？

这些问题当然不是新问题，我们对整个调查和发展改变的过程都进行了探讨，这里的新内容是整个过程的脉络。现在，我们有了一个已定义好、被证明是有效的改变，并且它使我们具备了所需事实，即对这个变化的整体影响进行富有成效的调查。

在考虑这些问题时，我们总是会停下来反思。因为担心改变可能会带来一些不好的影响，例如比预期的更长的学习曲线，我们总是问为什么，并寻求更深入的了解。没有什么计划可以完美地进行，因此我们一直试图学习该项目所教给我们的隐晦教训。

同样，我们的反思并不总给出明确的"是"或"否"。在某些情况下，在实施改变之前我们应先试行新标准作业。例如，如果新标准作业涉及使用新的容器，则在要求模具部门制作永久性容器之前，会使用临时的纸板容器版本来试行该过程。在某些情况下，这样的做法可以发现我们没有考虑到的潜在差距。

一旦我们对结果进行了彻底评估，考虑了新标准作业的可能潜在影响，反思了所有学到的教训，并验证了所有期望都可以得到满足，这就是创建新标准作业的时候了。

## 8.3 可靠汽车制造公司令人鼓舞的迹象

在启动参与品管圈项目六个月之后，重新作业平衡已经完成，装配部门开始在品管圈活动方面显示出一些令人印象深刻的成果。启动了9个新项目，它看起来就像是有专职的品管圈协调员一样，装配部门有望成为公司最大品管圈贡献者。

克莱顿兴奋地对布罗迪先生说："我认为我们在文化问题上正在取得一些实际的进展。"但是，明智的导师知道，在持续改善的环境中，尽责查证永远不会结束。

"如果这只是运气好呢？"他问道。

在经过艰苦的工作之后，克莱顿听到布罗迪先生的这句话感到很错愕，只留下沉默的尴尬。但是，当他对此进行反思时，不得不承认，即使取得了如此出色的结果，也无法真正证明它们与所实施的对策有直接的关系。他正确地完成了A3的所有步骤，并运用了所有正确的思维——他还能做什么呢？

他问道"我要怎么才能够确定这不仅仅是运气呢？"。

布罗迪先生说"答案在您的A3中。"克莱顿困惑地凝视着他的A3。

"反向阅读A3，"布罗迪先生说，"倒转流程的步骤，看看你所做的一切是否真的被证实如你所预期的那样，并且实际上已经缩小了差距。"

反向阅读A3是一种启发性的体验，它使克莱顿想起了会计课程，在这里你要仔细检查自己的数字。反向读A3，我们可以看到一系列事件，对策攻击了根本原因，并在对策发生的时点达成了目标。所有这些都可以往回追溯到几个月前所定义的原始差距。

克莱顿与布罗迪先生分享了他的推理。现在，他们有了一个更好的系统来支持其品管圈计划。任何部门都可以从这样的方法中受益，如果它成为新标准，将加速持续改善活动和整个公司的人员培育。

"很好，"布罗迪 San 说，"现在，我们已经准备好与其他部门分享智慧了。"

因此安排了一场演讲。非常害羞的基姆被选为演讲者。她不是最有经验的演讲者，但是选择基姆是另一个培育员工的机会。

### 不只是一张纸

凯利·摩尔（Kelly Moore）

先正达集团股份有限公司卓越运营负责人

如今，A3已成为一种时尚，对许多人来说，这仅与须遵循的步骤与做成一份文档有关。但是，我要告诉人们的一件事是，有一张A3报告书，然后是方法学上的A3，我们将重点放在方法学上。最终会得到一张报告，但我们并不真正在乎这张报告。真正要关注的是我们如何完成它们。

> 这同样适用于标准作业。我告诉大家我们已经完成了标准作业作为名词的部分，就是那张纸，然后标准作业也是动词，也就是其背后的所有行为和思维方式。我们必须弄清楚我们在说的是哪一个——名词还是动词，因为它们对不同的人可能意味着不同的意思。

## 8.4 创造新标准作业

从最基本的意义上讲，新标准作业是一种为面临相似情况的任何人都可复制成功对策的工具。因此，对于参与项目的人员而言，所需要的不仅仅是一个简短的"提醒"而已，新标准作业必须还可以作为不具备该项目知识的人的实用指南。

对于一个简单的工序，标准作业的内容可以是一张纸，上面列出了新作业方式的主要步骤或规格。如果工序更复杂，则可能有必要制作更正规的文档，例如手册、作业指导书或一组"作业分解表"。在这种情况下，还必须设计、安排和提供培训。

无论范围和复杂度如何，在建立标准作业时，都必须将最终用户放在心上。如果一个你从未遇过在异地工作的人要采用此标准作业，那么他/她会感觉如何？我们如何确保他/她能够适应这种新的作业方式而又不会感到过度压力？尊重这样一位看不见的人，与尊重周围的同事一样重要。

这种想法的一个很好的例子，可以在诸如 Lowe's 这样的零售业务中找到。Lowe's 的成功取决于客户是否能够在其大型商店环境中轻松地找到所希望的商品。这个想法是针对楼层布局、货架安排和视觉展示制定一致的标准，让即使是首次光顾的客户也可以快速了解他们在哪里可以找到所需要的东西。这些公司进行了大量的研究和测试以实现这一目标，如果你仔细观察这些商店的设置方式，你就能够看到这种标准的有效性。

心里有了这样的概念，我们需要考虑任何额外可以帮助标准作业的使用者成功的信息。如果你刚进行了一次成功的改善，你通常也会意识到大量与该工作只有间接关系的周边信息。例如，你可能知道一个类似于你的项目，因为没有掌握到特定的情况而没有成功。与潜在使用者共享此信息，可能有助于消除他们的困扰，或帮助他们保持警惕以防范可能出现的"并发症"。

另一方面，有时会出现分享过多信息的倾向。特别是在技术领域，人们对他们所做的事情，以及他们应用和获得的知识背后的推理的精妙之处感到非常兴奋。请记住，用户喜欢看到清晰、分步骤的指南，易于遵循和内化。人们在生活与工作中，实际上是遵循着数百个标准，因此无论他们在组织中的层级为何，都需要尊重他们的时间和精力。

## 8.5 与其他人分享标准作业

一旦发布了标准作业并被其他人使用，我们便进入了下一个测试和问责的领域。事实证明，测试小组成功的对策并不能证明该对策的新标准对其他小组也将是成功的。该标准作业可能不够清楚，可能无法解决各种可能的情况，或者可能遗漏了在对策测试期间未发现的工序不良。

因此，标准就像文件化的工序一样，也要经过科学测试和持续改善。如第2章所述，我们使用 SDCA（Standardize、Do、Check、Act 的首字母缩写）创建、维护和改善标准作业的质量。

在许多情况下，尤其是在涉及 A3 的情况下，我们使用 SDCA 对既有的标准进行测试，得出的结论是，需要改变工序本身以缩小差距。这里的逻辑是，在你做出反应和改变工序之前，请确保你遵循当前的标准作业。一旦我们有所进展并改变了工序，就返回 SDCA，以确保新标准作业为所有利益相关者带来成功的结果。

SDCA 过程展开如下：

- 标准化（Standardize）。对过程提出问题，根据内部和外部客户的期望确定需求，考虑所有实际的问题，并让所有利益相关者参与进来，结合实验/试验来测试新标准作业的可重复性和可实现性，在制定新标准作业方面达成共识并获得支持。

- 执行（Do）。将该标准作业作为"每个人都同意在再度改善与达成共识之前，是目前最好的方法"。根据标准作业制订培训计划，例如工作教导培训（Job Instruction Training）或企业内培训（Training within the Industry）的各个步骤，建立并采取措施，确保标准作业满足客户期望的问责机制。通过在流程中或在指定的参阅区域中可视化展示，让所有利益相关者都可以活用该标准，而发布标准作业。

- 检查（Check）。持续指导并采取措施以验证持续的有效性。如有必要，请进行任何必要的调整或修改，跟踪一段时间以确认其稳定性，避免在没有记录的情况下进行快速改变的倾向，从而引起混乱并妨碍持续改善。

- 行动（Act）。一旦该标准作业满足上述期望，并以可预测的方式交付所期望的结果，则应加强该标准作业并确保其得到遵守。新标准作业现在已经成为进一步改善的新基准。

简而言之，SDCA 通过确保标准作业是真正代表了我们已经测试过的改善，并提供使用者和利益相关者成功实施改善所需的所有信息和指南，来补充我们的PDCA工作。随着时间的流逝，该标准作业趋于稳定，并融入日常工作流程之中。

此时，人们可能会认为这是可以舒展眉头和喘口气的时候了。但是，在我们丰田的文化中，我们知道此刻正进入持续改善最重要的阶段之一。

# 第 9 章

# 追求可持续发展

可持续发展听起来应该很容易。你已经取得了可衡量的进步，并且证明了这不仅仅是靠运气；你已记录了达到目标的所有步骤，并创建了一个可供所有人遵循的新标准。现在，你所要做的就是坚持所创建的路径。困难的工作已经完成，所以这里应该没有问题了吧？

错！

可持续发展也许是持续改善中最容易被误解的方面。这项持续的工作不仅像最初创造成果时一样艰难，而且这里的困难往往使人们感到意外、困惑和沮丧。"我们已经做得很好了，发生了什么事？"这是我们在许多公司中常听到的。

为了说明我们要面对的问题，我想使用运动赛事来类比。2016年，当完成本书的手稿时，芝加哥小熊队赢得了他们暌违了108年以来的第一次世界大赛，结束了棒球历史上最长的"干旱"。从本质上讲，他们为实现这一目标已经工作了108年。一路走来，他们经历了起伏，有一些比较好的年份，然后经历了糟糕的几年，但他们是在过程中学习，最终目标是追求赢得世界冠军的头衔。

现在假设一下，如果小熊队继续做今年所做的一切，明年他们还会赢得世界大赛吗？我可以向您保证答案是否定的。如果想继续取得成功，他们必须持续做出改变。实际上，如果没有这渴望结束108年"干旱"的目标，那就更加困难了。假设明年失败的现实到来，你一定会看到很多灰心丧气的小熊队球迷。

我们在采用精益的公司中也看到了相同的模式。在采用初期，他们发现了这些工具和它们的潜力，并且充满了兴奋也取得了快速发展。而后，一旦这种新方法的新鲜感逐渐消失，该组织就面临着"常规化"精益思想的艰难工作，以便日复一日地遵循它。结果一场让人惊艳的事件变成了一个无尽的旅程，也成为没完没了的艰苦工作。

这是能量水平开始下降的地方——有点像停用了高糖食物——人们开始放弃了。对于大多数公司而言，这是决定精益是真正的转型，还是另一个"××活动月"的转折点。

> **我们永远无法松懈**
>
> 乔恩·米勒（Jon Miller）
>
> 现场学院联合创始人
>
> 对事物的状态感到满意是倒退的第一步，但是大多数人没有意识到这一点。当一切顺利并运作良好时，我们就会松懈，开始向后滑落。不断着眼于可以改善的事物，培养他人以这种方式看待工作环境，并使其成为一种文化，这是帮助丰田成功的重要因素。

## 9.1 在 TMMK 的持续发展

1990年，TMMK赢得了令人垂涎的 J. D. Power 质量金工厂奖。对于一个才生产不到两年的工厂来说，这是了不起的成就，尤其是当你知道大多数团队成员（包括我和埃尼）都没有汽车行业的从业经验的时候。

但是，我们赢得了荣耀，现在必须面对的问题是维持这一绩效水平。在这种情况下，你可能会期望采取一种保守的策略，即通过保持一切尽可能的稳定来确保成果。

但是，TMMK采取了截然不同的方法。在20世纪90年代初期，我们的销售增长如此之快，以至于需要大幅提高产能。为了适应这一点，我们的领导者决定以现有的工厂为模板来建立第二座工厂。此外，他们决定让TMMK的员工参与该工厂的建设。

因此，我们的状况就是，正处于如何维持崭新的第一座工厂的学习过程，同时又要启动第二座工厂使我们的规模翻倍。因此，我们必须在快速的晋升、培训、培养、建设和人员调动之中，维持 J. D. Power 质量金工厂奖的标签——所有这些都成为不稳定的基础。

当时，老实说，我感到我们被推到了极限，但是我们的领导者则说："这将推动我们前进，它将带我们进入新的极限，拥有稳定的业务模式，让我们可以做出这些改变并向前迈进。我们之所以前进，是因为这就是我们开展业务的方式。"最终，尽管许多人认为我们还没有准备好，但我们的总裁张先生却有我们可以建造第二座工厂的愿景。

那么，在这一切的动荡之中，我们能否再次获得质量金工厂奖呢？事实证明，第二年我们与丰田加拿大汽车制造公司（TMMC）进行了激烈的竞争，结果获得银奖，然后在1992年获得铜奖。但是我们仍然站在领奖台上，在1993和

1994 年的比赛中我们再次夺得金奖。

现实是,我们要做的不只是维持可持续发展而已,为了与其他丰田工厂竞争,我们别无选择,只能变得更好!

## 9.2 可持续发展的真正意义

坦率地说,维持是一种幻想。人们认为一致的行为可以确保一致的结果,但事实并非如此。在这个充满活力的世界,许多因素威胁着稳定。客户规格的变化导致我们必须重新设计流程,因此给相邻流程造成意料之外的不稳定。供应商能力不断演化,创造了约束或新的选择。当然,市场条件一直在变化,迫使组织必须寻找更快、更便宜和更好的交货方法。如前所述,1988 年的丰田凯美瑞当然不能满足当今对汽车市场的期望。

内部因素同样令人生畏。当组织失去关键人物时,他们通常会努力维持已经依赖于专业知识或领导能力的流程。正如我们所看到的,20 世纪 90 年代初,TMMK 的人员迅速晋升对维持稳定造成了巨大挑战。

"追求可持续发展"需要在所有这些可能性上保持领先一步,并预料到对得之不易成果的威胁。让我们看看如何做到这一点。

---

**遵守与改善**

乔恩·米勒(Jon Miller)

现场学院联合创始人

"请遵照我所说的做,但现在请改变它。"遵循标准并改变它们似乎是矛盾的,但是当我们意识到在一个持续改善的文化中,标准不仅为维持而存在,也是作为改善的基础时,这种感觉就消失了。标准不是你站立的平台,而是你踏上下一步之前的阶梯。至少标准必须因为现实生活中的各种条件,例如客户的期望、从事工作的人员、材料和最新的信息,或工作的设备和技术发生变化而改变。如果我们感到满意或自满,而在这些条件改变的情况下不改变标准,那么实际上就会变得更糟。即使这些因素完全相同,我们也总是可以找到更好的方法。

---

## 9.3 通往未来的机会

正如大多数人所知道的那样,高管经常借助关键绩效指标来管理他们的进度。这些指标可分为两类：滞后指标和领先指标。滞后指标以结果为导向，因为它们是在事后出现的。有人会说它们本质上是过去的事实，因为它们通常可能是对几个月前已经发生的事情做出反应。在汽车行业，这可能是向经销商正式提出的悬架嘎吱作响的保修索赔件数。

领先指标是对流程进行跟踪的关键绩效指标。这使我们可以实时衡量何时可能超出标准，或我们需要但缺失的东西，来生产我们的服务或产品。

领先指标的优点在于可以直接显示出组织的运行状况，而不是根据可能会延迟数周或数月的滞后指标的报告。

若考虑到安全管理，例如汽车厂的团队成员在工作过程中受伤，在大多数组织中，这都会被记录在事故发生率报告中，这意味着我们正在跟踪已经发生的伤害事件。

这是为了满足 OSHA[①] 或其他安全法规的要求，在大多数组织中这是必需的过程，但是我们必须问的问题是："此事故发生率报告的内容告诉我们有关发生事故流程的情况了吗？"如果实际的事故是在报告提出前一到三天发生，我们是否能够因此知道真正的原因呢？或许可以，但重现事故并不容易，而且往往非常不可靠。聆听不同的证人在法庭上所回忆的事故细节，就可以看出这是多么困难。

该事故发生率报告是大多数行业（不仅仅是制造业）中追踪 KPI 的方式。这里的问题是，事故发生率报告往往忽略了造成伤害的真正趋势。但是，管理人员往往会错误地认为，他们从这些滞后指标中获得了足够的信息，可以防止受伤和其他问题。

另一方面，领先指标为我们提供了预测能力，因此可以在伤害实际发生之前就采取行动。例如当有人提到"这个滚轮料架非常高，我每天必须要到那里作业几次，"这可能是一个事故正在等待发生的领先指标，或发生了一次伤害未遂事件，但这暗示了一个更大的问题。当进行监测和跟踪时，此类信息有助于减少事故的真正发生。

在以上的示例中，安全只是领先指标和滞后指标的一个案例。经销商提出的悬架嘎吱作响的保修索赔事件，可能是因为在更换组件之前未进行适当的质量评估，而这又可能是由于质量评估流程未及时更新所致。延迟交货则可追溯到机器停机时间，而这可能是由于设计不当的维护计划。这里的关键是所有的路径都指向了工序，而这就是我们必须专注，以便于领先问题的地方。

因此，你如何开始识别领先指标呢？本质上，你需要仔细观察你的日常流程，向团队成员询问有关他们的流程进行情况，以及是否存在问题，这些可以帮助你掌握预测性措施与被动性措施的情况。

一个有效的策略是建立定期的"你的流程如何"（HYP）点检。这会创建一个

---

[①] OSHA，Occupational Safety and Health Administration，美国职业安全与健康管理局。——译者注

定期与流程的接触点，以便主管必须去查看是否出现任何新的问题。以安全为例，实施点检之后，将结果记录在可视化安全管理图表上，并每天发布。如果发现有些事情不对劲，它会为我们提供一个非常具体的时间期限来处理异常。即使是这样的简单点检，也可以大大降低事故发生率，并且可以帮助组织朝着更加主动的态度发展。

关键是，如果不监控和关注领先指标，则组织中的每个流程都会自然恶化。我们生活在一个动态的世界中，外部和内部条件都在不断变化，因此不可能有永久性的标准。

因此，追求可持续发展确实是一个永无止境的旅程。每当基于新的对策取得成功时，我们就知道，除非不断努力以保持已取得的成就，否则这将无法持续。TMMK 特别意识到这一点，并让我们持续担心今天行之有效的标准，可能无法达到明天的期望。

## 延长矿场的寿命

弗兰克·瓦格纳（Frank Wagener）

矿业部门持续改善主管

当你像我们一样开采黄金时，矿场往往会在不久的将来关闭，因为不能再经济地运营该矿场。我从事采矿工作已有 30 年了，并且遇到过各种情况。我曾在一家矿场，突然停止开采，一天下来有 600 人被解雇。

但是，通过提高采矿效率，你可以经济地开采难以开采的矿脉，从而延长员工的工作年限。因此，每个人都有真正的动力去帮助我们做到这一点——你可以说我们每个人都拥有内建的真北。

特蕾西和埃尼正在帮助我们让所有人参与改善项目，而它的确产生了真正的影响。我们的成功案例之一涉及一个卫星矿场，该矿场距我们的主矿场 5 英里。这些矿场的工作包括从黏土中掏出金沙，而该矿场的黏土则非常不同。最初，该矿场的运营方式比预期的要差，看起来我们甚至可能无法回收启动该矿场与投入运营所需的 4000 万美元。

运用在研讨会上学到的知识，我们将来自不同部门的团队召集在一起，让他们朝着共同的目标努力。这使我们能够分析此矿场的整个作业流程，并提出一种独特的混合策略，该策略以前从未在我们的矿场上使用过。如今，该矿场生产的黄金量超出了预期，从而延长了矿场的寿命和每个员工的工作年限。

令人惊讶的是，这是来自现场的人们的询问："我们如何可以做得更好？"然后找到答案，采取了必要的措施得以延长矿场的寿命。这确实让人觉得："哇，原来我可以有所作为。"可以想象，这些项目确实会影响士气。

## 9.4 最重要的领先指标

正如我们在整本书中所强调的那样，领导者最关心的始终是培育人才。因此，维持丰田的工作文化被视为对我们工作的期望，并且任何表明对该文化构成威胁的领先指标都将被迅速解决。

因此，高管会立即对可能导致潜在士气问题的情况做出反应。如果机械不能正常工作，他们会如同遭遇到减产一样，更担心操作员的挫败感。而且，如果有更广泛的担忧，认为人们的培育没有达到应有的水平，领导人就会被派往日本，有时一次派几个月，让他们对我们正在试图创造的文化思想有更深刻的了解。

常见我们的领导们从现场班组长一路到总裁，走到生产线问团队成员："你今天过得怎么样？"，然后是"家人如何？"。埃尼和我都记得张先生去过我们部门好几次，只是问问题，并表示愿意以任何可能的方式提供帮助。我们的想法对他和丰田来说都很重要，这是持续发展我们独特文化的最大秘密。

## 9.5 在可靠制造汽车公司持续发展收益

品管圈项目成功后几个月，克莱顿与布罗迪先生有一次对话。在可靠汽车制造公司，情况明显好转，人们越来越主动地投入项目，而且几个部门的品管圈数量显著增加。

克莱顿说："我觉得我们确实在改变我们的文化。""我觉得我们已经达成了。"

但是布罗迪先生皱着眉头说："你的员工在这里取得了长足的进步，但是要持续发展下去将比人们想象的还要困难。这将需要大量的纪律，以避免自满的陷阱，因为这可能会破坏你辛苦工作的一切。"

布罗迪先生说："请记住，在你让我加入之前，品管圈计划的参与率一直维持着，然后情况有所下降。这种情况可能会再次发生，但原因会有所不同。此外，市场环境一直在变化。"

克莱顿承认："是的，我们已经了解了一些行业报道，称北美市场竞争将变得更加激烈，这可能给我们带来很大压力。"

布罗迪先生说："因此，你必须变得更好。否则，有一天你可能会发现自己的标准已经不够好。"

"我们怎么知道什么时候标准会变得不够好呢？"克莱顿问。

布罗迪先生说:"到你知道的时候,可能已经为时已晚。""你必须经常去观察,与现场维持密切的关系,并确保你遵循的是更多领先指标,而不仅仅是滞后指标。"

　　克莱顿立刻明白了这一点。当然,必须始终仔细地检视每个标准以进行改善。问题永远不会是"这够好吗?"而必须始终是"我们如何做得更好?"

# 第 10 章

# 再度伸展

在我刚开始担任 TMMK 团队组长的时候，我负责注塑成型零件的涂装工序，当时我们为凯美瑞和阿瓦隆制造了内饰零件。一个下午，我的一位培训师到现场观察我的作业区。

这种现场观察并不罕见，但是这次他待了将近一个小时。首先，他观察了内饰零件涂装团队的标准作业，偶尔浏览 KPI 管理板上显示的结果。然后他开始来回走动，观察我的整个工作单元，经常停下来反思，我可以看得出他在深入地思考。

然后突然他走近我说："特蕾西，我们需要就你的流程和 KPI 管理板进行讨论。"

我当时在想："你知道，他在那里待了 45 分钟以上。我检查了他在管理板上看到的所有内容，我很确定一切都符合预期。也许我最终能战胜培训师。"我认为在 TMMK 经历了所有的领导和学习失败之后，我甚至会得到一个当之无愧的称赞"干得好！"。

但是当我们走到我的 KPI 管理板时，我可以看出他已经有了一些想法。他非常认真地看着我，犹豫着，因为尽管他确切地知道他想说些什么，但他并不能总是找到正确的英语单词来表达。然后，他朝着注塑成型零件涂装单元看了看，"特蕾西，你现在有 10 个人在零件涂装团队中作业，请想办法以 9 个人来做。因此，请思考并考虑，这对你来说是一个挑战。"然后，他礼貌地示意我离开，想一想其中更深刻的教训。

我被吓坏了。这不是我所想象的，这是裁员或强迫员工更加努力地工作，这不在我们的文化中。此时此地，我原来曾希望能因达到我的当前预期而受到赞美，但相反，我面临着挑战，不仅要重新平衡自己的生产线，还要获得团队成员的支持和共识。我认为他们可能会像我一样不知所措。

但是，经过一番反思，我开始理解培训师行为背后的含义。对我来说，第一个教训是，无论结果看起来如何好，流程中仍然隐藏着浪费，我们永远不能停止寻找持续改善的机会。

第二天，我的培训师让我和他站在 KPI 管理板前继续我们的讨论。他用能够想出的最好的英语表达如何区分我们在流程中经常看到的和我们要衡量的内容，以及这些内容之间的差异如何根据已知标准影响了我们的绩效。他问了一些试探性的问题，例如："这些绩效指标告诉了你什么？它们是增加价值的绩效指标吗？它们是可预测的吗？你每天或每周对表格上登入的内容做出反应了吗？"

他还解释说，他需要抽调出一个团队成员来进行保险杠涂装线的小改型生产准备，若由我的内饰零件涂装单元进行作业的重新平衡，就可以多出一个人来承担该角色。因此，这是通过识别、排除浪费，而能吸收更多增值工作的机会，从而在总人数不变的情况下提高生产率。这样的做法对调动出来的那个团队成员、我自己以及团队的其他成员而言，也是一个巨大的成长机会。

他也提醒我，如果你的 KPI 指标已有一段时间满足目标值的期望，那么故意提高标准的门槛应该是一种普遍的做法。因此，当你没有差距或问题时，你必须创造一个差距或问题，这正是我的培训师当时所做的。这也正是大野耐一所说的话："没有问题是最大的问题。"

通常，提高标准的门槛是为了改变目标。当文件上记载的流程已经稳定于安定的状态，并符合内部和外部客户的期望时，让目标变得更加困难是"公平的游戏"。

例如，如果你的废品率是 1.5%，并且你已经达到该标准一段时间了，那么可以开始评估以 1% 作为新标准。提高标准的门槛，将让你产生 0.5% 的差距来解决问题。并且请记住，有差距需要解决是一件很好的事情。

在这一点上，许多人可能会问："什么时候才是提高标准的门槛和创造问题的时机呢？是否有一个神奇的时间表呢？"简短的答案是，一旦人们对流程及其结果感到满意，并已确认其稳定性时，则应该越快越好。当我的培训师看到我在零件涂装感到舒适的时候，他不会浪费任何时间！

## 10.1 把改变当成文化的一部分

当我为了重新平衡生产线而花了一些时间对流程进行更深入的了解之后，很明显地看到培训师已经看到的浪费。我记得当时在想："之前，我怎么没看到这 10 位团队成员流程中的浪费呢？"

结果我们花了三个月的时间进行修改和改善。我们启动了两个班次团队成员都参加的品管圈，甚至于物流部门和生产管理部门都参与了跨职能的讨论，他们为生产线布置、料架的重新定位、可视化管理，以及标准作业提出了宝贵的意见。

通过改善工作,改善了人体工学,减少了走动,并消除了机器等待时间。当我们成功地完成了所有的平衡迭代改善之后,重新布置了整个生产线,从而使工作均匀地分配,消除了不均匀、超负荷和浪费。结果,与 10 人作业时比较,9 人作业的流程更加流畅。

随着事情的进展,很明显,我的培训师一直都知道这是可能的,因为他不仅研究了零件涂装流程,还研究了所有利益相关者在流程中的角色,及其为解决方案做出贡献的能力。我们的 TMMK 培训师所运用的思想和意识的深度是从丰田生产系统的原始创建者所传承下来的,这是非常惊人的成就,而能够向他们学习则是一种幸福。

当然,对于培训师来说,直接告诉我该怎么做是最容易的,但是他的意图远不在于重新平衡我流程中的人数。他的角色是指导和培育我能够自行发现差距,并帮助我创建一个学习环境,让团队成员可以在此环境下培养自己的想法,并学会在班组长看到之前,自己能观察到浪费。

这是对分享知识的最好证明。在这里,领导者成为消除障碍和制约的疏洪道,从而使他或她的团队成员的想法变为现实。当我继续以丰田模式的方式成长时,没有什么比让我的品管圈团队走来说:"嘿,特蕾西,我们有一些想法来平衡生产线"更有意义的了。换句话说,他们已经准备好与作为促进者的我一起进行改善了。也就是说,当学习流程能够全面循环,并且你已经建立了自主导向的工作团队,而只需要你作为仆人式领导时,这就是个无价的工作环境。

---

**培育人的必要性**

约翰·舒克(John Shook)

精益企业研究院主席兼 CEO

没有一个组织,包括丰田,是"没有浪费"的,或拥有最短的交货时间,或每次都拥有完美的质量。丰田的特点是,它不仅坚持不懈地专注于解决使我们远离完美的许多问题,而且同时在整个组织内培养解决问题的能力。

---

## 10.2 快车道中的生活

保持市场领先地位,正如我们在 TMMK 所做的非常成功一样,会产生滚雪球效应——成功越多,成长得越快,我们就必须更快地改变流程。我记得随着我们的成长和规模扩大成两倍,工厂中的 AGV(自动导引车)流量增加了很多,这开始成为安全问题。为了解决这个问题,必须改善标准作业,以确保每位穿过十字路口的团队成员都必须遵循标准的"停车点呼叫"流程。不用说,这必须纳入许多标准作业中。

但是,我们的班组长们从未为了适应业务的快速增长而忽略改善。他们没有说"我们的业绩真是太好了,只要跟得上需求就好了",而是对自满情绪保持警惕,并不断寻找机会使我们成长得更好。这意味着当不存在不符合标准或因增长而导致的差距时,班组长们将提高标准的门槛而创造差距。

要澄清的是,有两种差距,即未达标的差距和创造的差距。未达标差距的情况就是我们在第6章(掌握现状)中看到的,其中存在差异,导致不符合标准。在那种情况下,差距是一个明确的事实,我们采取了行动以缩小差距并达到标准。

另一方面,创造的差距是关于提高标准的。在这里,领导者看到了改善的机会,并向人们提出挑战,要求他们在目前的状态与他们可以达到的、新的更高绩效水平之间找到差距。

但是,创造的差距并非"突如其来"——我们的领导者根据公司的战略计划目标制定了长期计划。同时,它们对我们的运营环境非常敏感。通常,他们会根据一种或多种情况而采取行动。

当我的培训师向我提出要为9个人的流程重新平衡作业的要求时,他已经有了两个优先事项。首先,必须从既有人员中,抽调出一个人去为保险杠涂装线小改型做生产准备。为了与我们的文化保持一致,领导者一直在寻找一个由既有人员来担当这一新工作的方法——由于丰田在员工身上进行了长期投资,因此这个方法始终是我们的首选,而不会仅仅是想着雇用新人。

其次,公司为我制定了个人发展计划,要求我领导的重要的作业再平衡,正是我在那个阶段提高领导能力所需要的经验。

最终,因为我的流程中还有很多浪费,使得这一新标准能够达成。起初这些浪费对我来说并不明显,但是根据培训师多年的经验,他能够看到这些浪费,以及我和我的团队在整个改善期间的成长。

## 问题解决与创造差距

斯科特·鲍威尔(Scott Powell)

加拿大输出发展卓越运营总监

作为金融商品的提供者,我们被期望提供的速度越来越快,并且我们有一个强有力的战略以确保我们的关联性。这包括围绕创造新商品和为现有商品寻找新平台的大量再度伸展的指标,这迫使我们必须推动新标准和新流程。我想说,我们非常积极于创造差距。

> 当特蕾西和埃尼谈到创造的差距和不达标的差距之间的区别时，这对于该公司的员工来说是一个巨大的转折点。它真正帮助人们根据两种差距之间的不同而锁定了想法，即你可能会以不同的方式来处理这些问题但是你仍然可以用相同的基本 A3 思维，在此过程中放慢脚步，仔细思考。

因此，你可以看到，提高标准的门槛是经过深思熟虑的。在我面临此项巨大挑战的同时，在整个改善过程中也得到了许多主管的培训和支持，并对情况进行了仔细监控，以确保这种变化不会给我或我的团队成员造成不必要的压力。我的主管在整个过程中所展现的计划性和对人的尊重程度是惊人的。

在与我的客户公司合作时，我们尝试应用这样的方法，并且经常遇到以下几种情况。首先，人们会认为即使没有标准，他们也可以改善，结果他们会去创造无法与任何可衡量、有意义标准联结的差距。我们看到人们在说："我们希望提高50%的水平"，但却不知道他们将如何实现这一目标。当然，他们什么也做不了。正如尤吉·贝拉所说："如果你不知道要去什么地方，那么最终你会发现到了其他地方。"

同样的，组织也没有针对培育人才的具体计划，这是提高标准的门槛最重要的要求。当组织希望不断改善而前进时，我们通常会鼓励他们像丰田一样，将注意力专注于既有的人员身上。

例如，我们曾与一家公司合作，该公司希望在整个组织中实施精益思想。结果这成为围绕组织中培育人员的三年计划，解决了许多知识和培训上的差距，因此在此计划结束时，可以让我们切断与此项目的联结，因为我们知道该公司已经不再需要依靠我们了。

顺便说一句，这样的做法是我们担任培训师和顾问的真北，正如我们从日本来的培训师要在有限时间内完成工作一样。这也强化了我们的客户必须接受提高标准的门槛和培育其员工的挑战，这也让我们可以继续向更高的水平前进，并可与下一个公司分享我们的智慧。

---

## 提高标准的门槛

**迪安娜·霍尔（Deanna Hall）**

*矿业部门助理*

我们这里实际上有一个座右铭，那就是"提高标准的门槛"。这意味着您是一直在学习，并且总是要挑战，让自己变得更好。如果去年表现得出色，那么明年就必须做得更好。我认为这是再度伸展的一部分，总是要向更好挑战。

## 10.3 每天针对变化的沟通

如前所述，我们永远不会适应或习惯于标准长时间不改变（当然，新标准需要通过特定的改善流程）。起初，这令人沮丧，但是后来，在向我们解释了此目的之后，这却成为我们的规范。

为了保持信任并避免不断去"救火"的情况，丰田通过在我们休息结束后举行的五分钟信息交流会保持定期的沟通。每天有两次这样的会议，他们让我们了解标准的变更以及其他与我们工作相关的信息，并为我们提供了表达我们的问题或疑虑的机会。这种定期的做法确保了沟通始终是第一优先。

在部门层级、团队层级和个别流程层级，也都使用了相同的沟通过程。无论是对任何制程进行了什么变更，都始终会确保相关的人员了解变更的细节，还有同样重要的是，为什么要执行。实行"突如其来的"变更，或在没有标准的情况下进行快速变更，也许在许多公司中常见，但在丰田都被认为是禁止的，因为它违反了尊重人的原则。

在我们的流程中，沟通是一直在持续着的。作为领导者，我们有责任确保自己的员工得到适当的信息，并且永远不会因改变而措手不及。我们的领导者从一开始就以导师的身份在场，培育我们如何正确使用流程，并确保我们在现场与对可能受到改变影响的人们进行对话。一旦这种沟通的做法被确立了，它就不是什么特别的事情了，而是对我们工作的另一期望。

## 10.4 可靠汽车制造公司渡过难关

克莱顿将布罗迪先生纳入组织的一年后，可靠汽车制造公司的情况开始好转。品管圈在全公司的参与率已接近65%，品管圈现在正在改善业务的各个方面，包括许多非制造部门。

但是，当最初在品管圈项目中发挥关键作用的团队组长阿什利因为想进一步拓展自己而离开可靠制造汽车公司时，克莱顿感到很失望，因为公司已经对阿什利进行了大量投资，所以损失相当大。

但是，布罗迪先生以哲学家的口吻说："失去好的人才当然很煎熬，但这在我们的行业中经常发生。正如吉格·金克拉所说的那样，'训练人却失去他们总比不训练人而留住他们更好。'现在，你需要向前看，阿什利的离开给了其他人发展的机会。"

"这里有一个重要的教训，"布罗迪先生继续说道，"人们总是需要感到挑战，甚至需要被推一下，才会走出自己的舒适区。领导者始终需要寻找这样的机会来提出新的挑战，而且他们需要不断鼓励人们尝试新事物，即使他们可能一直会失败。"

克莱顿回想了他们已经完成的所有事情，仍然还有很多事情要做。当然，总是不缺乏培育人的机会。是的，他们在品管圈项目中表现得好多了，但是公司中仍有很多人没有参加。克莱顿不必问理想状态是什么也知道，它是100%。

布罗迪先生说："如果你要在充满挑战的环境中创造高潮，就需要让挑战成为每一位员工、每一天生活中的一部分。"

建立这种参与文化需要布罗迪先生所称的"E3，每个人（Everybody）、每天（Everyday）、参与（Engaged）"。我们将在第三部分中对此进行讨论。

# 第三部分

## 每个人每天都参与

> 不管做任何决策，管理高层只不过是旗手的角色，重要的是让大家跟随在他挥舞的旗下。
>
> ——丰田英二

# 第 11 章

# 以人为本的管理

一天早上,我——埃尼(Ernie),接到设备维护部门的电话,提醒我设备有问题。当时,我才被提升为 TMMK 动力总成工厂的生产主管,该工厂距离后工序的装配工厂约一英里。

发生停机对我们来说并不罕见,我们将遵循自働化的原则在当场解决问题。由于在影响装配厂之前我有 20 分钟的运输缓冲时间,所以等个一两分钟不是问题。

这次过了 10 分钟或 15 分钟后,维修人员走来对我说:"嘿,埃尼。这回很糟糕。"

现在,你可能会说,作为新主管,我有点过分自信。我从动力总成工厂开始了我的丰田职业生涯,并为大多数制程制定了标准作业,因此我认为工作相对容易。当然,这种想法存在一些严重的缺陷,我们将在后面讨论。

因此,我对维修人员的反应非常典型。

我说:"我知道你会尽力解决问题。""我打个电话给装配工厂,告诉他们我们会延误几分钟。我们不会有问题。"

大约 20 分钟左右,他回来说:"这里有个问题。来,让我告诉你。"

我和他一起过去,看了一眼。发生故障的地方是在我们的输送线与托盘输送机的交汇处。一个托盘与传送带发生干涉碰撞,然后托盘被拉到输送线下方,在此过程中使输送线变形。结果,有一个托盘被卡在输送线下方的混凝土坑道中。我问他这要怎么解决。

他说:"解决吗?我们甚至还没有找到问题所在。"

这是我第一次有忧虑的感觉,那就是我无法以简单的处理机器故障的方法来解决——这回将是更大的问题。

我说:"你知道吗?现在我们只能尽力做了。"现在缓冲库存已经消耗掉了,我们让装配厂的装配一线停线了,现在有 50 个或 60 个人在等着我们。因此,开始吸引了一些人,想了解我们的制程发生了什么事情。

6 分钟或 7 分钟之后,当舣装一线的缓冲库存也用完时,他们停止了装配二线,影响了另外 50 个或 60 个人,然后是装配三线。围绕在我边上的人越来越多,我从不同专业领域的人们那里得到了各式各样的意见,但很难一次吸收所有这些意见并确保维修拥有所需的所有资源。

不用说,我非常担心,并开始向维修团队成员拜托:"快想办法!现在,我真的不想因此停止整个工厂。"

45 分钟之后,我们的车轴团队停止了底盘生产线。该事件现在使大约 500 名团队成员无法运行其生产流程。然后是总装和其他供料部门,一个多小时后,我们造成了整个工厂的停顿。

从那时起,汽车不再下线,停线使公司每分钟损失很多钱。然后,副总经理开始出现。我的日本培训师在耐心地教导我,经理和副总经理也是如此,但是基于我当时的心态,我不太能接受他们给我的意见。

接着,我听到一个声音从后面传来:"张先生正在过来。"

此时,我觉得世界上最想要的最后一件事就是总经理的到来。这种情况远远超出了我所经历过的一切,尽管我经过多年的丰田文化培训和沉浸,但我开始担心最糟糕的情况。我甚至发现自己正在思考要从办公桌打包什么东西回家——我真的是在想应该找到一个盒子,抓些东西,以做好准备。

张先生的办公室距离动力总成工厂约一英里。他没有开车,而是一路走过来,怎么一直还没到。我在想:"他什么时候会到这儿?让我们赶快了结这件事吧!"在等待时,我对即将面对他而感到恐惧。

约 20 分钟后,张先生到达了动力总成工厂。制程的日本协调员循例走到大门前向他报告并陪同他到事件发生的现场。

张先生到达我们的制程时,仔细查看了我们的生产日志,这些日志由设备维护和生产部门保存。然后他走到我的身边,握了握我的手,说:"埃尼先生,你有所需要的一切吗?"

我勉强地回答:"是的,我们拥有所需的一切,我们拥有最好的维修团队,也得到了来自其他部门的支援帮助我们,我们在这里拥有最好的一切。"

然后他说:"谢谢你停止工厂。我们将解决此问题。"

然后他转身,与其他几位动力总成主管进行了短暂交谈,然后回到总装工厂。

> **完全不同的看法**
>
> 罗斯·斯卡菲德（Russ Scaffede）
> TMKK 前副总裁兼动力总成经理
>
> 我永远不会忘记张先生在 20 世纪 80 年代后期的一次大型汽车产业会议上发表的讲话。听众有 400~500 人，而汽车三巨头都有副总经理和执行高管在那里交流。每个人都在谈论诸如排放标准、全球经济以及政府需要做些什么来帮助他们提高竞争力的外部因素。
>
> 然后，张先生上台，他花了一个小时，讲述了关于丰田如何支援生产团队成员以使他们在工厂现场能够取得更大的成功所做的工作。接着我们休息吃午饭，我永远都不会忘记午餐室中嗡嗡的议论声音。每个人都在说："你们知道刚才发生了什么事情吗？"美国所有的汽车业者都在谈论每个人应该做些什么来拯救他们，然而这里的一个日本人却在解释他们正在做什么，以帮助生产团队成员取得更大的成功。每个人都在谈论这件事情，这是对同一个环境完全不同的看法。

## 11.1 一种新的领导力

有些人可能会奇怪，为什么张先生会一路走到动力总成工厂，看一下生产日志，并与我交谈 15 秒。也有人可能会想："为什么他不只是打个电话给动力总成的执行协调员，得到他所需要的报告，然后再打电话给生产主管？"

答案是张先生不仅将这一事件视为必须解决的事情，他还看到一个对公司文化产生积极影响的机会，他不会让这个机会轻易溜掉。在这个现场，他有一个非常年轻的生产主管，有大量观众，并且有一个完美的环境来强化一种——我们要停下来解决问题的文化。他只是做了一件简单的事情，就对公司产生了极大的改变。他走到动力总成现场，花些时间，并表明即使是在我们停止了生产线，非常紧张的时期，我们的价值观也永远不能受到损害。而且他是以一种能真正引起人们注意，并记住这个教训的方式来做到这一点的。

现在，许多人可能曾经以为张先生要责备或开除我，他的举动表明了这种假设有多么错误，而他这次的走访现场正像他所希望的那样，对我们的文化产生了巨大影响。许多年之后，TMMK 的人们仍在谈论着这个故事，它深刻地改变了我在整个职业生涯中管理人的方式。

因此，有些人可能以为张先生没必要走访现场，这实际上是对他时间上的一种非常有效率的运用。考虑到许多组织在"文化变革"中所做的所有努力（培训课程、管理团队再教育课程、顾问报告等）时，张先生在这里所投资的时间对公司来说是一笔合算的买卖，并且远比其他任何外力的介入都更有效果。

即使按照丰田的标准衡量，张先生还是一位异常成功的领导者，他的远见卓识影响了数千人。在其他经理人可能只看到代价高昂的生产延误的情况下，张先生看到了一群需要培育的人，以及实现这一企图的绝佳机会。今天在我们的研讨会上，我们将这种领导行为称为"张先生时刻"。

> **管理与参与**
>
> 罗斯·斯卡菲德（Russ Scaffede）
>
> TMMK 前副总裁兼动力总成经理
>
> 丰田有非常不同的管理方式，并且非常注重让员工参与。要了解背景，你必须回头了解多年来三巨头在员工、工会和管理层之间的积怨和紧张关系。从本质上讲，他们有一种环境和一套规则，使员工无法参与进来。
>
> 通用汽车的很多人都知道这一点，包括我曾经与他们工作过的一些最优秀的经理人，但是在劳工和管理层两方，大约各有一半的人固守旧时的态度，非常不愿意接受改变。
>
> 而另一方面，丰田能够建立一个系统，在该系统中，可以让其员工参与，以培育他们的工作和持续改善的特性。而且由于 TMMK 是一个全新建立的环境，NUMMI 是由丰田复兴的关闭工厂，因此丰田能够确保每个人都愿意走出舒适区并帮助该公司改善。因此，作为 TMMK 的领导者，我们的工作不是指挥和控制，更多的是让员工参与而不是管理。这并不是说营利、指标和必要的报告并不重要，它们当然重要，但这只是我们工作的小部分。

## 11.2 从第一天开始就培育领导者

我于 1988 年以动力总成团队班长的身份加入丰田，这是我做过的最好的职业决定，但一开始并没有那样的感觉。开始工作两周之后，我正乘着飞机经由芝加哥前往日本名古屋，不知道要去日本学习什么，而且绝对是不在自己的舒适区之内。我甚至还记得我们降落芝加哥时的想法："我是否可以就这样临阵退缩回家。"后来我得知许多同事对此都有同样的感觉。

当公司组建领导团队时,它所寻找的并不是制造汽车的人,而是在找能够培育人才的人。在过去的八年中,我在附近的 IBM 工厂工作,在那里我开始了入门级组装工作。我很幸运地被提升六个级别,并且只差一个级别就可以晋升为技术人员,因此我将从时薪人员晋升为月薪人员。在那段时间里,我有机会培养一些领导能力,我认为丰田的面试官对此很有兴趣。

IBM 强调了的许多技能和价值观也是丰田所特有的。我们非常关注流程和持续改善,并且有一种严格的方法来识别和解决问题。我也有一些优秀的领导者和指导者,公司对我的长期发展有一个愿景,并向我提出挑战,要求我实现这一愿景。

但是,丰田在完全不同的层次上实践培育人才。从第一天起,公司就很清楚地表明,在我的余生之中,不会一直担任团队班长。我的组长想知道五年后我想成为什么样的人,退休后想成为什么样的人,以及要到达那里需要什么。我的理解是我必须全力以赴来实现自己的目标。

当我到达日本并第一次见到我的培训师生驹昌一先生(昌先生)时,发现这种想法非常普遍。在旅途中,他已经为我设定了一套精确的学习目标,并且确切地知道他是如何希望我能到达那里。他知识渊博并且是个勤奋的人,非常认真地担任培训师的角色,包括许多午餐和晚餐,他花了很多时间陪我。另外,据我后来了解,他的主管正根据我取得的成功程度来评估他。

一起来的其他团队班长都在装配工厂实习,而我则是在动力总成工厂,是在马路对面的机械工厂中。我们是在后轴装配线作业,这就是我在 TMMK 所要作业的生产线。这项工作是在一个开阔的地方进行的,非常热,但是人们都能不费吹灰之力地作业,一切看起来都很简单。但是当我第一次上线时,我想:"哇,这比它们看起来的要困难得多!"

后轴团队有四个制程。在该作业区,你可以从头一目了然地看到整个制程,在那里他们将后轴组装起来,将其与转向节或托架连接,再将减振器与之相连,然后安装弹簧和上部支撑螺栓以便后制程的装配线能将它整组地安装到车辆上。

我发现令人惊讶的是,他们能在 28 秒内完成这些作业。我怀疑"自己怎么能够满足这个期望?"

但是,我的培训师确切地知道我在想什么,我必须学习什么,以及如何最有效地学习。他非常了解所有作业内容。一开始,我们花时间在了解机械零件、它们如何装配,以及作业的顺序上。

但是技能和制程布置的这些技术问题仅仅是餐前小菜——训练我的真正核心是围绕着文化和人。我的培训师非常了解这种培育人的文化,以至于他能够将需要学习的内容逐渐地分解给我，而不是立即将其一股脑地扔给我。在确定了方向并花了几天时间了解该制程的布置之后，我们开始了我的主要目标。我要彻底地"精通一个制程（Master One Process）"，他们将其称为我的 MOP。

他教导的流程与企业内培训（TWI）或工作教导培训（JIT）非常相似。他会先让我学习一小部分的作业，然后再开始逐步添加。当然，我在那里想着的却是要给人留下深刻的印象，并且经常试着想做更多的作业。但他说："慢下来，慢下来，在做之前先了解自己在做什么。"他是一位很好的老师。实际上，他几乎一直都在我身边。不用说，该公司非常认真于我能正确地作业。

我很高兴地说，我在第二周通过了 MOP，这使我有时间接受进一步的培训。然后，我的培训师向我挑战，为该制程提出三个改善想法。当我发现浪费并提出改善想法时，他帮助我做试验以验证我的想法。这是我第一次接触改变制程。

最初，我开始寻找现状与理想间主要的差距，希望引入重大的制程改变使我能够"打出全垒打"。那时，我的培训师把我拉到一边，对我说："全垒打是不错，但是我们是要寻找可以带来大改变的小改善。"他指示我慢慢来，先验证一个改善想法，然后再继续下一个。

我想到的最好的主意——一种在两个制程之间提供一点弹性的方法，如果发生了小异常，它将使后续的恢复和保持流动更加容易。这只是一个小主意，但是在我和我的培训师合作研究并完成试验之后，发现它确实很可行。

然后他做了让我整个职业生涯都跟着我的事情。他召集了团队——也就是从事实际工作的人员—并让我向他们介绍了我的想法。因此，我在这里是和拥有15年经验的人们交谈。至少可以说，当时我真的很紧张。

我透过日语翻译员介绍了我的想法，然后请大家反馈意见。他们的反应使我感到惊讶，团队成员不仅倾听并认真思考我的想法，而且开始就如何使该想法变得更好提出建议。他们非常支持且提出"如果我们这样做呢？如果我们这样做呢？"

然后，我们一起测试了这些改善。我相信我原来的想法可以节省两秒钟，但是在团队提供反馈之后，我们已经将其加倍到四秒钟。在我们完成改善想法的过程中，他们所表现的团队合作精神让我感到惊讶。

改善到位后，工厂主管来到该制程，我再次发表了这个想法。在我讲话时，整个团队都站在我身边以表示支持。接着，工厂主管对我的想法表示祝贺，并告诉我这只是我旅程的开始，永远不能忘记人的力量。这句话对才具有一个月经验的肯塔基班长来说，具有多大的影响力啊！

> **从经验中学习**
>
> 约翰·舒克（John Shook）
>
> 精益企业研究院主席兼CEO
>
> 将数百人带到日本三个星期或更长时间需要巨大的花费和努力。许多团队班长和组长从未出过国。许多人不得不手忙脚乱以及时获得他们的第一本护照！有些人会想家，而另一些人则在食物上挣扎，更不用说语言了。但是几乎所有的人都发现，与丰田市的同行们一起工作的三个星期是一次改变人生的经历。眼见为实，没有什么可以替代在丰田装配线上工作的实际体会。

## 11.3　继续的旅程

工厂主管对"这只是我旅程的开始"的说法是正确的。在日本培训的许多方面，对我职业生涯各个阶段的影响都是显而易见的，并且对于我作为领导者的角色至关重要。

后来我才意识到，我的培训师从一开始就在努力将我与永远不会改变的"真北"方向联系起来，这就是为什么他会带我到后制程的装配线，向我介绍后车轴的位置、所有后车轴的不同组件，以及它们的装配方式，还有它们在装配线上如何被装上车辆。他想让我了解的是"后制程的装配线是我的客户，我必须尽一切努力使客户满意。"

当他要我熟练一个流程时，真正的目标是帮助我了解制程对作业的团队成员具有什么意义，也就是团队成员在生产线上作业时对制程的感受。然后他会问，"你在想什么？"这一切都是为了衡量对我身处丰田文化环境中的看法。

回到肯塔基，我的培训发展仍然继续进行。我们的制程还没有安装机器，所以我花了两个星期的时间在车轮和轮胎生产线上，帮助制订与我完全无关作业的标准作业。其想法是让我开始了解如何开发标准作业，以及如何观察流程，这与在哪个部门工作没有关系！

当我们自己的设备到达后，我们开始设置实际的流程。很显然，情况与在日本的情况不尽相同，我们不仅要遵循既定的模式，还必须利用我们新发展的技能来帮助设置设备和测试制程。当然，我们犯了许多错误，但是我们知道我们要去哪里，并且开始理解"为什么"。从那时候起，培训背后的智慧才真正开始变得有意义。

然而，在开始生产的1988年及以后的数年中，我们的日本培训师一直保持着大规模的存在。正如我们在前几章中所讨论的那样,这些培训师包括一些丰田最优秀的人,以及他们的知识和教导技巧真是非凡。他们具有一种内在的诀窍,可以掌握我们在丰田生产方式(TPS)和其他PDCA思维流程中所处的位置。

随着我对基础知识越来越有信心,他们开始花更多的时间教导我如何培训我的部下,根据仆人领导模式,这些部下是我服务的对象。正如我们在前面的章节中所讨论的那样,管理的思想不是要"知道然后告诉",而是要同时进行"领导和学习"。沿着同样的思路,我经常向许多想学习丰田的组织提到,我们必须调适自己,限制自己不要"光说、推销和说服",而是要练习如何"参与,让人参与和赋能、授权"。

当我回想起那些早期与日本培训师在一起的日子,他们总是站在我的后方,观察、评估、计算并等待机会,以提出会导致特定指导要点的问题来进行干预。最初这并不罕见,培训师会在生产和试行之间要我停下几分钟,问我:"当你做出那个决定时,你是怎么想的,埃尼先生。"

然后,我会与他讨论我的想法背后的原因。有时他同意我的观点,有时我们会进行进一步的讨论。起初,我认为他只是在"双重检查"我的回答,确保我能做出正确的决定,以维持我们团队的KPI。但是后来,我才意识到这不是在对我的工作吹毛求疵,而是关于我如何能独力应对未知的长期旅程,为持续学习奠定基础。

通常,每天结束的时候,我们都会总结所发生的事情。如果我没有达到期望,我们将进行"计划与实际"比较式的讨论。对话经常涉及人,而培训师经常问我一些问题,例如"你今天培训了谁,你是如何做到的?"或者"你们俩都学到了什么?"他以"你认为发展自己的下一步是什么?"来总结我们的对话。然后,我们会进行非常坦诚的沟通,并制定计划以提高自己知识的标准,为我可能遇到的所有障碍和挑战做好准备。

随着时间的流逝,这些讨论变得不再那么频繁了,因为他已经确认了我的技能正在提高。我的培训师让我参与他多年前被教导的知识,并将这些知识传授给我,这被称为分享我们的智慧。我们俩都知道他不能永远牵着我的手,所以他尽可能多地传授知识,也故意让我们偶尔失败,以便我们能够从失败中学习。

对此我累积了很多教训。我学会了理解失败可以带来成功——我只需要足够的耐心,就能看到教训背后的更大目的。我了解到,与你的团队成员进行频繁且诚实的沟通,使你有机会同时培育他们和发展你自己。我也被鼓励了解每个团队成员的情况,以帮助建立相互信赖和尊重。即使在今天,我仍然继续练习这件事情。

## 人才培养的愿景

皮特·格里顿（Pete Gritton）

丰田北美工程与制造公司前人力资源副总经理

我是TMMK雇用的第九位美国人，于1986年11月加入公司，担任员工关系科长。当时我已经从事人力资源工作15年之久，并且认为我的工作是让这些日本人相信他们现在是在美国，我们在这里做事情的方式与在日本有所不同。

我们首先要编写人力资源管理政策。这个过程非常简单。我们每个星期四晚上7：00召开一次政策审核会议。我的工作是提出政策建议并对大家发表，然后进行讨论，并希望获得批准。顺便说一下，我的听众是我共事过最聪明的人。

我想在第一天晚上就取得成功，所以我选择了加班费项目。我打算通过我的演讲让他们眼花缭乱，而快速获得批准，然后再处理更具挑战性的事项。加班费是我能想到的最简单的项目。我提出了诸如每周工作时间超过40个小时以后，时薪增加一半之类的基本内容。

我提出了自己的政策，老板纳特（Nate）问："为什么？"当时，我完全没有认真地考虑过这一问题，但是我是一位经验丰富的人力资源专业人员，所以无论如何我都要开始讲话。我解释说，基本上每家公司都这样做。

"啊，好吧，"他说，"所以我们只会做每个人都在做的事情？"

我知道自己遇到麻烦了，但是我又开始讲话并用了很多理由，解释说我们的员工期望如此，如果我们不这样做，他们会很沮丧。纳特说："哦，好吧，那么我们只要做员工希望我们做的事情吗？我们不会挑战他们，也不会要求他们以不同的方式思考或做事吗？"

这个过程进行了六个星期，他会问我为什么，然后我回去调查原因。我花了很多时间在为什么上，以至于我根本没有机会改变原来的政策。第六周，纳特突然举起手说："好吧，我们就这么办。"并签署了我第一周所建议的政策。

因此，这样的过程与要检讨的与政策无大关系，而是与帮助我了解两个关键点有关。一个是丰田拥有一种非常成功的独特企业模式，因此一切都必须与之保持一致。但它可能并不总是符合一般人的期望，但这正是我们为使公司和员工两者都能成功所做的工作。

> 他想教我的第二件事是，如果不做家庭作业，就无法在丰田做假设和推测。只回答"嗯，这是一般通用的做法"是不能被接受的。我们必须基于事实来做决策，其中包含逻辑、事实和数据。当我们对事物得出结论并提出建议时，我们需要确认它是经过深思熟虑与深入研究，并适合我们的。
>
> 这就是"噢，我的天哪，让我陷入困境"时刻之一。但这也非常令人兴奋，因为它确实引起了我的共鸣，当我想到它时，这一切都是那么合理。我只是没有接触过人力资源部门在公司中应有角色那种复杂层次的思考。

## 11.4 帮助别人成功的责任

通过一系列晋升，我成为动力总成的主管，经历了从团队班长到组长，再到发动机组装和机械加工的副主管，然后再回到动力总成车轴担任科长。我发现我在日常工作中运用的基本原则并没有任何改变，不同之处在于我开始花越来越多的时间在让别人成功上。

总是有人当我的导师教导我如何担任主管，他们像我一样渴望我能成功。在我们的系统中，我的成功是他们最重要的评估指标。反过来说，他们也知道我的成功取决于我的部下，因此他们教会了我如何培育我的部下。当我成为动力总成车轴的主管时，我的工作是教人们培育自己的部下。这有点像金字塔体系，逐层地培育更好的人！

正如张先生所示范的故事那样，培育人时，通常要优先掌握特定的情境，有时我们需要被提醒注意这一特定的时点。我记得一个情况，我的培训师告诉我，一个在线操作员正在为某些个人问题而苦苦挣扎，这正在影响他的工作。

他说："你应该去和他谈谈。"

我说："对不起，我现在不能这样做，我在装配线上遇到了一个严重的问题需要处理。"

然后我的培训师问道："还有什么比培育你的员工更重要呢？"

我了解了，但这并不是我最后一次被提醒，我也经常提醒我的领导团队。

即使在我真正去处理生产线上严重的事故时，培育人的优先次序也并没有改变。我不是运用我的动力总成知识，说"先做这个，然后再做那个"，而是指导我的副主管来培育他手下的专家，以制定解决问题的策略。再容我赘言，解决问题本身当然很重要，但是让人们有兴趣参与，自己解决问题也很重要，这样，他们有一天就可以取代当前正在指导他们的主管了。

我们的培育策略是使每个人在组织中能够具有晋升两个层级的能力。例如，当我从生产部门转调到人力资源部门之后，我知道如果我雇用入门级的行政助理,那么我必须从第一天开始就思考该助理如果要成为专员,需要具备哪些技能。这意味着我可能必须重新平衡大家的工作量,以确保他们获得以后需要的丰富经验,或者让他们参与到与他们的日常工作没有直接关系的项目中。这需要耐心,并且常常会带来一些小问题,但是我们不断地专注于此,并将精力重复地放在这件事情上面。

因此,从本质上讲,我会花很多时间尝试让自己成为多出来的人,即使离开也没关系。当然我知道,如果我使别人成功,那也意味着我也成功。在这里,信任是一个很大的因素,我知道丰田不是那种会劝我教别人我的工作,然后因为不再需要我了,而让我离开的公司。不幸的是,今天有些公司却是这么做的,而在此过程中破坏了他们的文化。

但是,我不得不承认,当人们开始使用他们新获得的技能来改变我所创建的流程时,我在个人情绪上会有些纠结。退休后,当我第一次以访客身份前往TMMK时,我对此处境产生了强烈的印象。当我到达以前的工作部门时,我注意到受到我帮助而成长的班组主管们,对我所安排的流程进行了很多变更。我想:"等等,那是我的啊!"但是随即我就意识到这不是我的,而是他们的。他们超级成功,看到青出于蓝的感觉真是太好了。而今天,我不得不承认,那些流程如果还像当初我所安排的那样,如今将无法生存。

## 11.5 我的和我们的

帮助人们前进的一个关键是鼓励他们以改善业务标准的形式分享自己的知识。从某种意义上说,这会使他们可以脱离目前的角色。但与此同时,由于他们已经获得和了解了更深入的知识,因此对公司更有价值。

但很少有组织会这样认为。我相信在许多情况下的基本假设是,当人们处在某个职位上时,他们将会永远待在那里,且没有其他人需要知道他们如何完成工作的细节。如果他们离开公司,那么我们到时候再处理。

当然,"到时候"就为时已晚了。不久之前,我在一家工厂为一位客户服务,我们讨论一位负责薪资发放、在人力资源部门工作了36年的女性,她非常擅长于自己所做的事情,并且积累了很多我称之为"部落知识"的技巧,这些技巧让她曾经成功地完成了自己的工作。然而,由于她已经70多岁了,很有可能她想尽快退休,这样她的"部落知识"就会永远消失,我问他们对此有什么计划。

答案是:"我的天哪,我们会付给她更多薪酬来留住她。"

我提醒他们,金钱可能不是她的决定因素,并要求他们想出一些想法来捕捉这位女士所积累的"部落知识"。

除此之外，如果我们也可以安排这位女士到一个她可以学习新概念和技能的地方，而不是一直应用同样的旧知识，那么我们更有可能留住她。正如我的培训师在我职业生涯的早期告诉我的那样，停止学习的那一刻就是你的价值开始下降的那一刻。

现在，在大多数组织中，"部落知识"的积累是一个大问题，而且人们通常不希望分享给别人。如果我将我的同事视为竞争对手，我为什么要向他们展示一些可以帮助他们变得跟我一样好，或比我更好的东西呢？这种情况会发生在个人层面，也可能发生在更大的范围内，例如在这种情况下，销售人员不会与市场营销部门共享数据，制造部门也不会与研发部门共享信息。这就是造成孤岛式官僚机构的原因，"左手不知道右手在做什么"。

我认为不会流动的部落知识实际上会损害公司，原因有很多。首先，例如负责薪资发放女士的例子所示，部落知识是不可持续的。其次，因为部落知识是不公开的，不会接受挑战和改善，所以往往会产生一种僵化的"这就是我们在这里做事的方式"的心态。

最糟糕的是，部落知识蔓延了一种使人们无法以团队为实现共同目标而努力的文化。然而，公开分享的知识将人们聚集在一起，部落知识却创造了障碍。

因此，我们必须通过鼓励人们分享他们的想法来收获我们的部落知识，并在证明这些想法有效时，将其纳入我们的标准作业之中。这样，这些"诀窍、经验和感觉"的全部力量才能在整个组织中完全实现，并能传递给下一代。

因为公司对待我的方式，我从相当早期就将这个想法内化了。当我看到我的培训师慷慨地分享他们的知识和想法时，很自然地我也会效仿。因此，作为领导者，我会毫不犹豫地分享自己的知识，无论是帮助下属达到我的知识水平，还是帮助其他部门解决问题，或者与供应商分享成功的做法。

当然，在鼓励分享想法的环境中，我们还需要评估和改善这些想法的明确指导原则。除了培育人才，我们还需要确保他们知道如何根据公司和公司利益相关者的需求来发展自己的想法。我们将在下一章中介绍。

# 第 12 章

# 员工与目标的一致

正如我们所看到的，丰田的领导者在整个组织内扮演着关键角色，呈现出一种非常特殊的思维方式。对许多人来说，这似乎违反直觉。有人会说，高级领导者应该将文化委派给其他人，而应该花时间尝试去解决影响"全局"的问题，例如销售成本、客户满意度和市场占有率。

但这样做的问题之一是，我们在公司财务报表中看到的是传统的滞后指标。那是因为财务报表必须按照规则，向投资者和政府监管机构报告这些内容，以便让他们能够追踪。但是正如我们在第9章中讨论的那样，它们在帮助我们改善已经发生的事情方面的价值非常有限。正如戴明所观察到的那样，这就像通过后视镜来管理一样，当我们意识到问题时，通常已经为时已晚了。

丰田的领导者将日常工作的重点放在可以立即反应的领先指标上，而这些指标可能会对其主动性产生积极的影响。当然，他们会履行围绕着传统指标的受托人责任，但即使是最高级别的领导者，他们在这上面也不会花太多的时间。

公司如何监控客户满意度就是一个很好的例子。如果一家传统公司的"客户满意度"正在下降，而高级管理者可能会在季度报告中才了解到这一点。此时，问题已经根深蒂固，迫使决策者立即采取行动。但是，由于不了解造成客户满意度问题的流程是在何时、何地以及如何产生的，因此他们对特定的事件只能猜测其根本原因，从而使它们一直处于"救火"模式，且无法根治。

另一方面，在丰田，我们一直在现场持续地监控领先指标，这些指标永远不会出现在财务报告中。例如，我们都知道准时交货是提高客户满意度的重要因素，因此我们每天监控每一笔货品的准时交货。

如果准时交货没有达到应有的水平，我们就会找出差距，找到根本原因，并让我们的员工参与改善标准作业，以缩小与应有水平的差距。如前所述，如果与应有的水平已经没有差距，我们会提高标准的门槛来创造新的差距。

这种想法无处不在。无论问题或改善的机会是出现在生产、研发、销售还是在客户服务之中，我们都知道，到头来，这仍得取决于我们的员工是否对所看到的差距做出具体的回应，以改善那些指标的水平，让我们变得更好。

因此，最重要的领先指标是在现场的人员是否随时准备好进行改善。如果TMMK的总裁张先生走进某个制程，看到人们与"真北"联系在一起，致力于解决问题，并以团队的形式来改善，那么他就知道这将有助于提高客户满意度，降低生产成本，最终将实现公司未来的可持续发展。如果他看到士气问题，或者某一位领导者不尊重部下，他知道这个差距必须立即解决。

简而言之，这就是为什么培育人才是最有效的长期业务战略，也是为什么我们的高层管理者将其作为他们，也是我们最重要的优先事项的原因。

## 12.1 言行一致

领先指标具有一个重要特征——它们都可以在现场被看到。因此，各级领导者通常都会花费大量时间来观察我们工厂里的流程。

因此，我们的领导者经常做现场观察。它不同于一般的现场走访的"管理视察行程"的想法，这是一个纪律严明的过程，管理者们要带着目的意识到现场，进行专注的观察，以确保他们看到正确的指标，提出正确的问题，并在员工需要的地方提供帮助。

现场观察总是从问："为什么"开始。每次，我们都会问自己如下的一些问题：

- 我去现场观察，会带给组织什么附加价值？
- 我是否能消除可能妨碍员工最有效与效率地开展工作的障碍？
- 我是否在员工需要的地方提供资源和指导来帮助他们成功地解决问题？

我们始终牢记上述三个支柱，它们定义了现场观察的基本心态要素：强化"真北"，检视KPI管理板，以及观察和协助解决问题和改善活动。我与我的客户一起使用的现场观察三支柱（图12.1），显示了它们之间的相互关系。

这些现场观察的"真北"就是要强化每个人对客户的视线。我们并没有强调在一般高管走访中很常见的要求"做出每日产出"的想法，而是在帮助大家理解每个员工如何为客户满意度、公司的长期成功，以及如何使丰田为社会的繁荣做出贡献。这种互动在帮助团队成员理解工作背后的"原因"，以及持续改

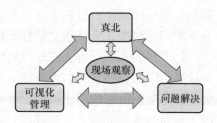

图12.1　现场观察三支柱

善流程方面发挥了关键作用。图12.2说明了我们如何集中精力来帮助人们可视化这些联结。

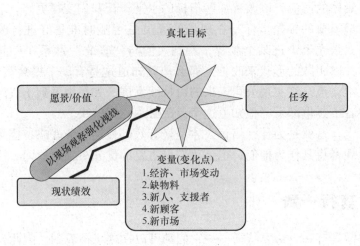

图 12.2 将日常运营与真北联结

一个至关重要的事情是要展示你对现场的关心。由人力资源部发布备忘录，告诉团队成员，你对公司的成功有多重要是一回事，而高阶管理者出现在现场，关心操作员："你的流程如何？"然后就如何改善公司进行有意义的对话，则又是另一回事。无论我们在组织中的职位升到多高，我们都永远不会对现场陌生。

---

### 与员工联结

#### 航空工业资深主管

埃尼和特蕾西在辅导使用 A3 工具来解决问题极大地帮助了团队。从技术的角度来看，他们无疑帮助我们提高了解决问题的能力，更重要的是，帮助我们更好地理解了解决问题的变革管理要素。他们向我们提出挑战，要求我们与现场的团队成员建立真正的合作伙伴关系，倾听他们的意见并与他们分享我们的想法，最终建立信任和信誉。

每次我们去工厂解决实际问题时，埃尼都会示范这些关系技能。我的团队成员对埃尼能够立刻与人联结，并吸引他们参与的能力印象深刻。他可能会从问问他们所戴的帽子或衬衫开始谈话。他会找到方法，将对话引导到对对方重要的事情上，并让他或她打开话匣子。在大多数情况下，这会很快变成有意义的对话，并且对我们正在攻关的问题产生有价值的新见解。

---

在现场，我们仔细确认所有领先指标，这是借助于多种可视化管理工具实现的，那些工具使所有标准、目标和实际状况在现场一目了然，以便让每个人都可

以看到和理解实际状况与目标状况之间的差距。也就是我们可以查看 KPI 管理板，研究交货时间、物料流动、不良品、安全事件和其他指标。我们查看了管理板上绿色、黄色和红色区域中的指标，并关注这些指标的状态已经发生多久了。我们关注连续的流动，并检视已发布的标准作业、培训计划、QC、提交的建议案、正在进行中的 A3 以及其他已发布的文件。

同样重要的是，我们观察流程本身，我的培训师称之为"看透流程"的活动，其目的是以团队成员的视角看待流程，并了解我们没有在现场观察时所发生的情况。

这涉及要问我们自己或操作员许多问题。是否有过度紧凑的迹象？员工在等待吗？我们可以看到不必要的步骤或其他形式的浪费吗？

人的因素至关重要，而且绝对不可以被忽略。员工对他们的工作流程和环境感到满意吗？他们彼此之间的关系良好，并且互相支援吗？团队班长和组长对他们表示尊重吗？这些问题需要多次观察现场才能理解。

了解现场的问题以及操作员如何解决这些问题，将可联结到另外两个支柱——可视化与真北。当我们去了解问题解决或参加改善活动时，总是可以敏锐地意识到可视化的管理指标和基于"真北"的改善背后的"为什么"。

我相信在第二部分中描述的 GTS6，确实总结了我们在现场观察中所做的事情。我们遵行大野耐一的教诲，在有问题的时候，我们总是做"现场观察"去发现它们。我们去现场"掌握情况"，以便收集事实并避免基于假设和部落知识而过早下结论。在我们了解了改善背后的团队合作，以及改变被很好地沟通之后，我们才开始练习"解决方案"。

我们练习了"进行标准化"，不断询问我们的标准化是否真正满足了我们公司的需求。我们考虑了经济波动、物料中断或新员工可能干扰我们的流程，并练习了"追求可持续发展"以找到确保其稳定的方法。最后，应用"再度伸展"的想法，我们挑战操作员以提高标准的门槛。

## 真北的意义

迈克·侯赛斯（Mike Hoseus）

TMMK 前运营与人力资源副总经理，优质人才与组织中心执行总监

我认为，公司面临的最大挑战是活用真北的这个理念，以便在团队成员的层级都能对公司的目标有很强的意识。团队成员的职责不只是完成工作，而且还要改善他们的工作，因此必须有一个脉络。领导者必须了解这一点，并让团队班组长们去培育该角色。

> 当我与许多公司讨论此事时，我说的是"这就是你的绩效数字之来源所在"，也就是说，你希望让大多数员工积极地将组织拉向公司的目标。但是大多数管理人员都忙于运作业务而不是改善业务，而且让全公司参与的想法并没有真正被关注。
>
> 当我问大家他们业务的目的时，他们会说"赚钱"。然后我再问："这真的会触动人们的心灵吗？"
>
> 当然，丰田从来没有为赚钱而道歉，但"真北"却与此不同。他们说："我们是地球上最赚钱的汽车公司，但这不是我们的目的。"目的是为所有利益相关者创造长期的共同繁荣，而赚钱让我们能够做到这一点。
>
> 当我们在 TMMK 时，这样的想法充满了我们的心灵，我确实相信对公司有利的事情也对我有利，反之亦然。这就是我与许多组织讨论"真北"时特别关注的重点。

## 12.2 基于领先指标的战略

努力改善现场的领先指标不仅是支持公司战略的方法，它实际上就是一种战略。

方针管理，简单地说，是用于设计和展开构成管理策略的目的和目标的整个公司的合作过程。这个词如其名，方针是日语中的"政策、计划、目的或目标"，而管理代表日常管理的缩语，意思是"每日、一般或常规"。

方针管理的名称反映了我们发展策略的方式。不同于持续一年的固定策略，我们的方针会根据领先指标的结果，以及通过与现场人员的互动不断进行监控和修订。本质上，PDCA 的思维适用于我们的方针，也适用于我们所做的其他一切。

因此，方针本身绝不是目的。例如，我们不会这么说："如何开发方针以满足公司的方针"。问题始终是：基于我们过去的经验和理解"我们如何开发出满足我们需求的方针？"关键是不论你在组织中的层级，当你与"真北"一致时，你所需要的正是公司的需求。

方针管理是我们的生活方式。我们不会等到年底才开发我们的方针——我们一年四季都在发展和演化它们。我们会查看日常领先指标，在可视化管理板上跟踪重要指标，利用这些管理板明示我们与目标的差距，然后确保我们始终努力于将指针向前移动。我要强调的是，我们受训练习惯于使用领先指标来预测结果，而不是等待结果。当然，两者总会各有一些，但是领导可以帮助我们管理问题，而不让问题来管理我们。

## 第12章 员工与目标的一致

进行中的对话也非常重要，而方针管理的一个非常核心的观点是我们称之为"接球"的隐喻，用来形容在现场流程中，负责人与员工之间非正式的来回对话。这有助于我们了解自己的想法是否正确，每天如何跟踪以及跟踪什么，以及是否存在差距。它也通过向我们所依赖的员工展示我们重视他们的投入并真正倾听的心态，而帮助我们建立了彼此的信任。在丰田，政策并不会"突如其来"——无论他是在组织中的什么位置，我们都非常努力地让每个人有共同的理解。

现在，你可能会认为作为主管，发展方针管理本身当然是我绝对会坚持要做的事情，但实际上并非如此。这的确是我的责任，但这也是让我的专员和副主管更好地了解我们的需求，以及如何在更高层次上围绕着这些需求进行发展的绝佳机会。因此，在很多情况下，我让他们做这项工作，而且不得不说，他们做得很棒。

同样的，我的高阶领导者们也给我机会来制订他们的方针，因此也让我有机会规划非常高阶的方针计划。

### 追求高水平目标

艾尔·梅森（Al Mason）

奥创工业传动公司卓越运营副总裁

我们一直在一些非常具有战略意义的领域上应用问题解决的方法。虽然收益增长非常显著，但这大部分是通过收购实现的。因此，我们正在进行一项持续的活动来改善我们的有机增长。现在，这成为一个巨大的问题，有很多原因和影响。

我们的高阶管理层一直在关注有机增长，即通过收购以外的活动来增长。首先，我们有传统的回应——诸如"我知道问题所在，我们只需要以这种方式重组销售组织，这将解决所有的问题。"

但是，在我与首席执行官的对话中得出的结论是我们必须到现场去观察，然后分解这个问题，因为它非常复杂，并且有很多构成因素。因此，我们决定选择一个事业部门，深入了解有机增长的驱动力，然后与其他事业部门分享我们学到的知识。

因此，这是过去几年我们管理思维发生重大变化的一部分，看到我们的负责人以这种方式思考，而不是直接跳到"这是我们需要做的事情"，真是令人兴奋。我想说其中的90%来自我们与特蕾西和埃尼的研讨会。

## 12.3 提高整个公司标准的门槛

方针管理实践的关键成果之一是，它将战略目标导入了工作现场。在这里，我们会创造与目标的差距，然后如我们在第 10 章中对此所进行的介绍，通过战略 A3 来解决这些差距。

例如，假设基于总裁的方针管理，我们的公司目标是将生产率提高 5%。我们对此的看法是，目前所在的位置和应该到达的位置之间存在 5% 的差距。然后，我们将使用 A3 流程来研讨出解决该差距的策略。

对于高阶差距，你需要考虑组织内部门间的差异，一些部门可能已经在提高生产力方面取得了一些进展，所以你可能不必要求让他们提高整整 5%，而其他一些部门可能需要进行更多的改善，或者换句话说，可能有更大的改善机会，你可能需要向他们要求 6% 或 7%。

然后，各个部门会根据他们所分配到的差距，分解问题，并为缩小差距的最佳机会排定优先级。每个部门可能有数十个针对此方面的 A3 改善项目，提出例如重新平衡工作负荷、改善标准作业、培训或修改设备布局或配置的解决方案。

然而，总裁不是唯一制定我们方针战略的人，作为动力总成部门的主管，我会在部门中建立一个方针层级别的管理板，以展示我们与这些目标的关联，以及根据流程、结果以及你猜得到的——领先指标，所确定出来的，我的部门中两个或三个优先项目。

我们从总裁那里得到的方针目标，通常已经与我们部门的目标保持一致了。此处的要点是，当你正确地进行方针或发展战略时，你将会非常了解领先指标，你知道需要改善的地方，并且在所有方针的层级中，同步地看到差距向上或向下展开。

同样重要的是要记住，我们需要持续地问："我们能做什么？"任何低于可实现的水平，总是意味着有差距需要填补，我们也不需要等待任何年度目标来公布才加以解决。

因此，在很多情况下，在获得公司目标之前，我们已经设定了自己的目标，公司的目标将帮助我们反思我们是否可能错过了一些东西，但是通常，我们已经制定的计划要比公司的目标还严格。

我们的高阶管理者对于能实现的目标也有很实际的考量。你不会有 50 个目标——你会有 5 个或 6 个目标，而且最多不超过 10 个目标。当然，我们希望每个目标都能成功。

> ### 丰田的独特实力
>
> 皮特·格里顿（Pete Gritton）
>
> 丰田北美工程与制造公司前人力资源副总经理
>
> 如果你比较丰田与其他公司的文化，则丰田有两个真正重大的优势。一是大量的连动一致行为。丰田确实让每个人都有同样的理解——对一种信息，一种声音有强烈的意识。大多数其他组织都是唯领导者是从，因为没有任何文化去维持和推动这种连动的一致行为。
>
> 沿着那个一致的方向前进，是一个巨大的发展过程，在这个过程中，我们所有的人都能以自己的思维、行为方式得到发展。我们在如何解决问题的方式上都得到了一致的持续发展，而这是我们在如何改善上的真正收获。这个方针管理活动驱动了所有这些奇妙的行为，使我们与所有的人保持联系并拥有正确的优先级。今天我们知道应该关注什么重点。我们每年都设定目标，很明显是采用方针管理流程和所有那些类似的东西，但是我们始终了解什么重要和什么不重要。
>
> 另一个重大优势是，丰田始终将重点放在员工身上，他们生产产品为公司带来营收。因此，我们始终专注于生产现场的团队成员，以及我们如何帮助他们取得成功，并且我们对支援这些人的角色和期望也非常明确。
>
> 这意味着，如果我们担任人力资源、财务或高级管理等行政职务，则需要看到自己的支持作用。随之而来的问题是，我们必须始终考虑我们的工作是否与公司的目标和指标相一致？我们是否具有成本效益，并竭尽所能将客户不愿支付的不必要的工作减到最少？我们是否最小化供应商或内部客户的管理负担？这些是大多数公司不会考虑的问题。

## 12.4 一个崭新的视角

当我的主管告诉我将从工厂部门被调到人力资源部门时，这也许是我职业生涯中最大的惊讶。我在目前的职位上非常成功，并且感到自己对流程、设备和人员有深入的了解，而人力资源是我陌生的领域。

我不应该为此感到惊讶。我对自己的角色逐渐感到满意的事实表明，是时候该提高我的职业生涯标准并迎接新挑战了。我当然知道所有这些，但是刚开始，把它当成小小的自我安慰。我正在远离我的舒适区。

如你所见，现在，TMMK 的每位领导者都承担了许多人力资源的传统职能，例如培训、教练、倾听个人问题和课题，以及帮助员工发展他们的职业生涯路径。我们人力资源部门的日常工作是制定最佳的长期政策，以便从根本上支援我们培养人才的首要目标。因此，当我们查看诸如福利、出勤、工作调动和纠正措施之类的人力资源政策时，我们总是从员工的角度来看这些政策。

## 步入危机

皮特·格里顿（Pete Gritton）

丰田北美工程与制造公司前人力资源副总经理

在某个时点，TMMK 大到足以支持一个工厂的药房，这样员工就可以在工厂得到非紧急处方药品。我们在某建筑物的后方开设这样的药房，设立一个得来速车道窗口和相关的作业。当然，我们不想经营一家药店，所以我们与一家从事此类工作的公司签约，该公司代表向我们保证，他们已经有过数百个此类案例的经验，因此我们不必担心。

在我们开张的星期一，大约下午 3：30 或 4：00 我接到了埃尼的电话。他说："你必须要过来这里。""我们有数十人在大厅排队等候领取处方药，并且汽车一直堵到了主干道上。"

事情是这样的，有许多人希望从沃尔格林连锁药局转到丰田药房而能领取他们的处方药。当然，这一切都集中发生在员工轮班下班时，因此导致整个系统瘫痪，并让很多人为此气愤。

埃尼和我是负责这项工作的两位人力资源科长，但从我们的立场思考，却由于没有对承包商进行更多的尽责查证而失败。在那一天，我们对这个问题无能为力，但我们必须目睹这一切，更重要的是，我们必须直接面对我们的员工，并说："是的，我们搞砸了，这是一场灾难，我们需要再做很多工作来修复它。"

在人力资源部门作为一名主管，我有很多机会以完全不同的方式来应用我之前学习到的经验教训。我们使用相同的工具来解决问题，只是差距的内容不同。我在工厂现场检视流程中几秒钟的差距，但在人力资源部门，我注意的差距是，诸如我们的保险费用，或经营我们医疗诊所的费用。令人兴奋的是，持续改善和解决问题的基础在生产环境之外竟也能运作得这么顺利。

当我开始适应人力资源工作时，我深深地受到了一个教训的影响，那是我刚成为团队组长时所学到的。这一切都始于我们的部门雇用了新的团队成员，这是一个特殊的教育场合，向团队介绍新成员，并与他们分享团队期望的标准，让我们的内部和外部客户满意、获得他们的微笑。

第12章 员工与目标的一致

在为期六个月的评估期的头几个月中，新团队成员取得了良好的进展，并且是品管圈和提案系统中一名积极参与的成员。但是，随着评估期的进行，我注意到他的表现和行为开始下降，他开始经常缺勤，他的肢体语言表明他缺乏几个月前的参与热情。

我开始关注他的态度发生了什么变化。我对自己说："他应该了解期望和标准，我们已经在他的导入教育中详细介绍了这一点。"不幸的是，我不得不求助于我们的纠正措施流程，来强调标准并要求他采取对策行动。我的意图是成为他突破此困境的资源和指南，同时明确表示他需要为改善自己的行为负责任。

当我开始执行人力资源部的纠正措施流程时，我开始听到部门中其他团队成员的声音，说他真的对在丰田（TMMK）工作不感兴趣。他告诉人们，他之所以会在这里的原因是因为家庭压力。这意味着不允许他辞职，但是如果他被解雇了，这些压力将不复存在。当时我的想法是："如果那是他想要的，我会帮助他离职。"

在完成纠正措施流程的各个阶段之后，就是该建议解雇的时候了，实际的解雇必须由高阶主管签署。与人力资源代表合作，我完成了文书工作，记录了我已采取的所有步骤。完成此过程后，我参加了与高阶主管的签署会议。

在这次会议上，我报告为了达到这一点所有先前的作业。实际上，我对此感到轻松，这件事很快就会结束了。在过去的几周中，我为它花费了大量的时间和精力。

高阶主管检视了所有恰当的人力资源文件，然后抬头看着我说："埃尼先生，您是否已经尽了一切可能让这位员工成功？"

我很快回答："是的，先生，"我认为我已经帮助了这名员工获得了他想要的东西，而这也很快会让我少一个课题。

然后，他的回应出乎了我的意料，并且从那天起，彻底地改变了我对管理和教导员工的想法。

他握住笔，在解雇文件上签名，然后将它们交还给我，他看着我说："埃尼先生，您失败了。"

然后他继续解释说，每当我们失去员工，对公司都是损失。作为仆人式领导者，我有责任让每个团队成员参与和理解他们的学习风格，以及知道团队成员可能需要什么，以便能成为公司的未来领导者。如果没有发生那样的事情，则是每个人的损失。

这提醒了我，我们对聘用的每位员工都进行了投资，当员工成为我们团队的一员时，我们将对他们做出"尽一切努力让他们成功"的承诺。我们培育每个团队成员也具有这样的想法，期望他成为未来的领导者。

## 12.5　每一个人真的是意味着"每一个人"

从这一教训中得到的启示是，当我们说"每个人都很重要"时，我们是认真的，我们从不放弃员工及对他们的培育。作为一名主管，将某人冠以麻烦制造者的烙印，或排除了该人的破坏性活动，或者正如人们所说的"让他下车"等是非常容易的。我很高兴能很早就知道这是错误的想法，因为它让我的管理方式变得更好。

例如，这使我意识到，你不能仅通过查看工作流程来进行管理，你还必须伸出手建立与员工的联结，在此过程中，你开始对员工产生同理心，并从对方的立场来思考。因此你可以真正地深入欣赏他们如何看待自己的工作、他们与同事的关系，以及他们对公司的感觉。

同样，这也是我们培养员工所需要的信任感的方法，使员工愿意分享他们的知识和想法，支持他们的团队成员，并致力于实现公司目标。如前所述，我很早就建立了这种信任，因为即使在工作时间以外，我的培训师也会与我建立联系。毫无疑问，我对丰田很重要，不仅是作为一名员工，而且是作为一个人。

我的人际关系技巧对我目前担任培训师的角色非常有帮助。在我们的研讨会中，有时我们会遇到很难接受我们所提出的概念的人。有些人会举手表示反对，但通常只有在他们的肢体语言或脸部表情中，才能看到这种抵制感，这是我多年来通过与团队成员的联结而学会的解读能力。

当我看到有人跟不上来时，我根深蒂固的信念是不会把那个人抛在后面，即使其他参与者说："别听他的话，他只是一个抱怨者"，在研讨会上、休息时间或之后的午餐中，我也会找机会向他了解一下。

一个很好的例子是我们在第二部分中讨论的高阶经理，他反对必须根据真实数据使用真实的数字来定义差距的想法。他的困难在于，寻找工作上某些方面的定量测量值的想法，这显然是将他拉到了自己的舒适区之外。

在研讨会上，我们为此花了 45 分钟，议程虽然很紧凑，但是很值得。我发现许多一开始显示出抵触情绪的人最终却成为我们所教授概念的最有力支持者。

这真正表现出 E3——每个人、每天、参与背后的"每一个人"。我们真的是说每一个人！

## 12.6　影响最大的因素

人们总是喜欢问诸如"管理的秘密是什么？"之类的问题。我经常被问到管理最重要的一个方面是什么，我毫不犹豫地说，是建立信任。

作为仆人式领导者，我们接受我们的成功完全取决于员工凭自己的自由意志做什么。如果他们不信任我们的领导并且不愿意跟随我们，那么我们就不是真正的领导者。另一方面，信任有助于我们建立双赢的关系，在这种关系中，管理者和员工不过是两个为共同的目标而合作的人。

为了实现这种信任，我们通过帮助大家职业生涯的发展来关照人们的利益。作为领导者，我必须不断地思考："我如何才能帮助这名员工达到他/她的能力能达到的组织最高层级？"这不能仅是含糊的想法，还需要不断采取具体步骤来引导员工发挥其潜能。

这样做的好处是当我们不断努力使员工成功时，我们也会获得出色的成果。但是，最大的成功是看到员工由于你的努力而获得成功，并且知道因为你而促成了他们真正重要的改变。

对我而言，这样的旅程是无价的，并且让我远远超出了机器、生产方法和时钟上的分分秒秒。我很荣幸能在其他人的工作，甚至个人生活方面的成功中扮演重要角色。

作为领导者，你可以赚很多钱，的确很多领导者都是这么做的。但是，你能留下来的东西就是你对人们的影响，金钱无法带来这种满足感。

# 第 13 章

# 反　思

在马修飓风袭击美国海岸几小时前，特蕾西和我（埃尼）在 75 号州际公路上驾车回佛罗里达州奥蒙德海滩的家。在公路上看到向南正驶入飓风中的汽车已经很少，当凝视迎着前照灯而来的实心白线时，我们感到非常不安。

在那些车子上的人，一定想知道我们在想什么。我们最关心的是特蕾西的父母，他们被迫撤离了自己的家而留在我们家。也仍有我们双方的邻居正处于没有附近的家人支援他们的情形。我们也感觉需要保护我们自己的家。总而言之，我们在想如果不赶回去的话，事后会怎么想，是否会对没有赶回去而感到后悔。

事后看来，我认为在丰田受到的培育在这里发挥了作用。每当生产线上发生严重事件时，我们都会放下一切并互相帮助。我们的第二天性是即使我们不确定后果会如何，也会迎向危机，而不是远离危机。

前一天，在与客户协商后，我们做出了艰难的决定，即取消了一个我们很重视的工作坊，并决定出发前往奥蒙德海滩的潜在危险之旅。航空公司已经取消了飞往佛罗里达州的所有航班，我们设法到达亚特兰大，并租了一辆带着破旧刮水器的汽车要向南行驶 425 英里。

开车时，我们始终保持强烈的安全意识，但我们仍然感到害怕。在肯塔基州，我们曾见过暴风雪、冰雹和龙卷风，但从来没有这样的经历。风在狂啸，树枝四处飞舞，空气中有一种令人毛骨悚然的感觉。最令人不安的是，预计在飓风中心经过我们区域之前的几个小时，我们正在进入未知之地。

幸运的是，这场风暴并没有像最坏的预测那般严重，我们的朋友和家人都没有受到伤害。但是，等到风暴消退时，社区看起来像是战区。树木和电话线被刮倒、窗户被打碎、篱笆被打倒、屋顶被砸碎，许多道路被堵塞或冲刷。电力和自来水三天都没有恢复。

特蕾西的父亲和两个朋友（其中一个是附近的邻居）幸运地有足够的时间在暴风雨来临之前，把我们的防暴风雨百叶板装上。丰田的培训在这里也发挥了作用，就像我以前那样，以典型的 5S 方式，用数字标记了所有百叶板，并提供了一张显示每块百叶板装置的地图。通过遵循我所建立的标准作业，他们能够在大约90分钟内顺利完成工作。

当我们彼此互相帮助以从风暴中恢复过来时，让我回想起许多在丰田的日子，以及我们在危机中的行为习惯。当人们需要帮助时，无论他们身在哪一个部门，你都会想出方法来帮助他们。我记得曾经帮助过一位遇到一些问题的车身焊接主管。我说："让我知道你需要什么，我可以提供人力，尽一切办法帮助你渡过这个难关。"

当我们一群人共享资源并互相帮助以从风暴中恢复时，我有一种非常相似的感觉。特蕾西和我有发电机和许多充电器供人们为手机充电，但我们没有多少汽油，所以其他人与我们分享了汽油。我们家是周围唯一带有游泳池的房子，因此我们共享池水以供冲洗和冲厕。我们中的一些人帮助邻居从她的屋顶清理一棵倒下的树，然后找人修理屋顶。我们也让大家知道，如果手机网络出现故障，我们有卫星电话可以使用。我们俩都对这座城市在调动资源和让我们了解最新状态方面所做的出色工作印象深刻。

事实证明，这对我们来说是一次巨大的体验。我的第一个教训是，在你真正体验到被帮助之前，你无法理解帮助有需要的人有多么重要。我记得从电视中，曾为新奥尔良卡特里娜飓风中的人们感到难过，但我从来没有完全体验到它的样子。现在我们明白了。

此外，丰田教会了我们关于如何使团队成功而不是个人成功，这不仅关乎让一家公司经营得更好，也应该应用于我们的社区。当你处在危机之中时，你会对此有非常强烈的感觉。

最后，我们真的可以看到曾经所受培育的作用。当我们驶入风暴并面对危机时，即使我们没有意识到这一点，但解决问题的纪律始终伴随着我们。当我们环顾四周时，我们看到了与更好方法之间的差距，并思考如何填补这些差距。

这次的经验表明，我们正是以丰田人的方式对事情做出了反应。我以前没有设置安装百叶板的标准作业，但我听说这是"最佳实践"。我会这样做是因为我就是这样想的，你可以在我们家中到处看到这种想法的迹象。去年的万圣节，我在车库前分发糖果，一个九岁的男孩走到我面前说："我从未见过如此井井有条的车库。"才九岁喔！

当然，这种想法也会提高我们的标准，以防我们又遭受另一场飓风袭击。这一回，我们会提供标准的飓风套件。例如，我买了一些汲泵，这样就可以把货车里的汽油泵到发电机用的罐子里。我还正在设计一种新工具，以加快安装百叶板的速度。百叶板是用蝶形螺母固定，用手装上150个蝶形螺母需要花费时间。该工具允许使用电钻完成此操作。如果你想到这一点，这只是改善流程的另一个案例。

## 13.1 我们不做"寻常的培训"

当我们抵达客户的所在地时，在很多方面，我们都面临着未知的事物，就像马修飓风一样。我们不知道学员正在处理哪些问题，他们最近有什么经历或最紧迫的需求是什么。无论我们做了多少准备工作，只有当我们到那里之后，才能知道真正的需求是什么。

另一方面，我们有雄心勃勃的目标。因为我们的任务是让学员以一种思考的方式参与进来，我们的课程不会说"这里将有一位如何、如何的老师来教我们"，而是必须找到一种可以与每个人联结的方法，而且没有"脚本"可以告诉我们该如何做。

我认为这是对我们的挑战，应用许多年的丰田所学，并找出方法——如何最好地将这些想法向与汽车制造行业截然不同的人们呈现出来。我们如何将这些想法与他们的工作和问题联系起来呢？

我们遵循的流程与我们在丰田作为领导者进入现场的方式没有什么不同。培育人就是开放心胸地倾听，并从对方的角度学习各种情况。我们密切关注人们不同的学习方式，并确保我们不会让任何学员落在后面。

当然，我们有投影片和许多结构化的内容来帮助保持进度，但是即使没有它们，我们也会感到很自在。通常，当现场需要时，我们会脱稿讲授。当我们中的其中一位在上课时，另一位会仔细观察观众的反应。当发现人们感到困惑或不舒服时，我们会说："好吧，让我们谈谈这件事。"像这样的讨论使我们开发出了第二部分中概述的亲民方程式。

我们的课程还涉及许多动手、实践的练习，这是许多学习真正发生的地方。在这里，将介绍我们已经实践多年的现场教导角色，在这些互动过程中，我们仍旧持续学习。

通过我们在丰田培训的学习，还了解到人们的个人生活与其工作息息相关。在生产线上，我们除了经常向团队成员了解他们的流程之外，也询问他们的家庭成员。在我们的课程中，总是努力去多了解一些学员及其生活方式。有时他们会与我们分享他们的文化。例如，一位加拿大客户就带我们去冰上钓鱼——我想你可能会说这有点超出我们佛罗里达舒适区的范围了。

所有这些的结果就像我们在丰田一样，我们是在持续地学习。我们的客户教给我们处理课程内容的新方法，我们的培训也在不断地演化。例如，近年来，我们从政府和医疗保健等采用丰田原则的组织中吸取了一些教训。

这些丰田原则对许多行业的适应性表明了它们多么具有基础性。如果你正在学习如何处理危机，那么不论问题是出在工业、医疗保健、政府、金融等哪个方面，还是在帮助邻居从自然灾害中恢复过来都没关系，尽管他们需要很长时间才能真正掌握，但每个人都可以使用这些原则。

因此，尽管客户所面对的情况千差万别，但我们所提供的信息却非常简单。我们实际上是在丰田的日本人思维中成长的，我们的培训师几乎不会说英语。没有太多的理论——只有一些简单但非常有力的想法，并基于许多行为示范和机会教育来支持学习。这与精益或任何特定方法无关，而与如何在我们的工作中取得成功有关。

自 1988 年以来，我们从未偏离当时所被教导的本质。这仅仅是两个人的本土化实践，我们学习了一些东西，抓住了本质，然后将其发展起来，并内化成自己的东西。因此，我们不会进入教室说"表演时间开始"。因为我们就是这样的人，这是我们正在做的事情，我认为这就是人们与我们联结的原因。

## 13.2 与精益一起前进

身处持续改善世界中的大多数人会同意，尽管精益工具得到了广泛使用，但大多数组织却未能掌握其文化的精髓。对此有各种各样的解释，但是我们更喜欢以对待问题的方式来对待这个问题，即真正的差距是什么？领导者们可以采取什么措施来缩小差距？

不幸的是，大多数领导人并没有那样想。取而代之的是，人们倾向于将精益视为他们当时遇到的某些问题的短期、快速的解决方案。而且由于通常依赖于滞后指标，因此在此意义上，问题是因人而异的主观描述，因为他们真的不知道问题是什么，只是知道自己有个问题。

该问题可能会影响各种指标。例如，问题可以是团队成员的士气，可以是成本，可以是质量，并且可以有多种因素影响每个问题。但是，问题的滞后指标通常无法真正提供造成痛点的真正原因。

因此，公司将寻求精益的协助——也许他们已经听说过在他们行业中的一些成功案例——并认为："让我们导入精益吧，我们会变得更好。"但是，滞后指标并没有告诉他们，从一开始，这些指标可能就不是很好。我们看过很多这样的公司，也许高管们正在"创造自己的数字"，但真正的问题对他们来说还不是问题。

于是，他们会试图恢复他们过去所认为的成功，而不希望改变他们每天所思考的如何开展业务的方式。当然，一旦滞后指标看起来不好，就会有种种压力迫使他们要迅速扭转那些数字。因此，公司实施了各种不得不做的被动措施，然后在取得一些初步成功之后，他们又会开始问："为什么这不再有效了？"

我们一直看到的情况是，至少在实践技术方面，虽然公司使用了 A3 一段时间,但公司的员工并未用心参与现场观察、掌握情况或任何其他我们在本书中讨论过的思考方式。结果,许多人漫不经心地填写了 A3 模板,但在解决组织的问题方面进展甚微。而且,容我多说一句——情势变得非常令人沮丧。

在丰田,我们的培训师始终将思考放在方法之前。对我们而言,这一切都应始于对员工的持续培育和理解"为什么"。一旦证明我们理解了这种想法,他们才会介绍工具。这里的关键是,如果你先有了想法,A3 流程的学习和应用将变得非常容易。

许多人不同意这个观点,但是我们认为"改正事情"并不是精益之道。精益需要从真正希望改变的需求开始。在某地某时刻,如同灯泡被打开发光一般,领导者说:"嘿,这种被动的思考方式就像跑步机。我们一遍又一遍地看到相同的问题,我们的人不断地救火。但应该要有更好的方法。"

但是,如果他们希望从丰田的方法中找到一些舒适的稳定状态,那么这些人一定会感到失望。事实是,丰田的任何人都会告诉你,他们还没有达到这样的状态——而且永远在持续追求这样状态的路上,与半个世纪前一样,他们对未来始终担忧。我从在丰田公司工作的第一天开始即与大家一起学习,而且在离开的那天仍然在学习。

但最重要的是,那些试图效仿丰田的领导人必须理解持续培育人才的重要性。为了获得持续改善的结果,你必须在现场解决数以千计的问题,若没有一个"问题解决者部队",则不可能发生。丰田通过培育全体员工,运用我们称为"每个人、每天、都参与(E3)"的方式来设定这道培育人才的门槛。

正如我们所做的那样,员工在这样的环境中蓬勃发展的事实,使得这种双赢局面对公司有利,对员工有利,反之亦然。张富士夫先生在总结了这一承诺时说:"我们造物先育人。"

## 13.3 思考的力量

我们在培训中以及在本书中所强调的是,思考应该始终在工具之前,而不是之后。我们的培训师采用了这种方法,而丰田从未偏离这个路径——如今,一些丰田内部人士甚至将 TPS 称为"思考型生产系统"(Thinking Production System)。我们的想法是,也许我们更应该将其称为"思考型人的系统"(Thinking People System)!

"亲民方程式"是我们对"让持续改善成功的思考方式"的总结。我们相信,如果人们实践这些思考理念,解决问题的学习曲线将变得更短,结果将更强大,并且人们将拥有富有成效和令人满意的职业生涯。

因此,我们鼓励所有读者接受这种思想,并每天实践。这些强大的理念可以为你的工作和生活提供帮助。无论你是在解决工作中的问题，追求兴趣还是在社区中帮助朋友和邻居，它们都是你可以随身携带的"思考工具"。

于是，随着你的进展，我们鼓励你：

- 去现场观察（Go to See）。走出办公室，远离计算机，去亲眼观察现场发生了什么。永远带着你的目的去观察。
- 掌握情况（Grasp the Situation）。寻找事实，并将事实的情况与你的假设分开。当前状态与理想状态之间的可衡量差距在哪里，我们如何使用它们来获得可实现的目标？
- 获得解决方案（Get to Solution）。寻找与人合作的方法，以找出问题的根本原因，并制定和实施计划，以从流程中消除那些根本原因。
- 进行标准化（Get to Standardization）。建立经过验证的解决方案文档，以使其在整个组织中被广泛地共享。
- 追求可持续发展（Get to Sustainability）。监视流程的稳定性，观察领先指标，并在标准不再有效时，随时准备变更标准。
- 再度延展（Get to Stretch）。持续地培育人才，并且挑战他们，以改善标准来不断地提高要跨越的门槛。

那么一旦你掌握了这些概念，就以这种思考方式引导他人，直到组织中的每个人每天都参与其中。

这是纪律和问责，这是我们自己的 DNA。我们有信心，如果你学会这样思考，那么你所做的一切事情都会成功。

祝你好运，正如我们在名片背面所说的，请开始思考！

TRACEY RICHARDSON, ERNIE RICHARDSON
THE TOYOTA ENGAGEMENT EQUATION: HOW TO UNDERSTAND AND IMPLEMENT CONTINUOUS IMPROVEMENT THINKING IN ANY ORGANIZATION
ISBN：9781259837425
Copyright © 2017 by Teaching Lean Inc. by TRACEY RICHARDSON, ERNIE RICHARDSON
by McGraw-Hill Education.
All Rights reserved. No part of this publication may be reproduced or transmitted in any form or by any means, electronic or mechanical, including without limitation photocopying, recording, taping, or any database, information or retrieval system, without the prior written permission of the publisher.
This authorized Chinese translation edition is jointly published by McGraw-Hill Education and China Machine Press. This edition is authorized for sale in the Chinese mainland (excluding Hong Kong SAR, Macao SAR and Taiwan).
Translation Copyright © 2022 by McGraw-Hill Education and China Machine Press.

版权所有。未经出版人事先书面许可，对本出版物的任何部分不得以任何方式或途径复制传播，包括但不限于复印、录制、录音，或通过任何数据库、信息或可检索的系统。

本授权中文简体字翻译版由麦格劳-希尔教育出版公司和机械工业出版社合作出版。此版本仅限在中国大陆地区（不包括香港、澳门特别行政区及台湾地区）销售。
翻译版权© 2022 由麦格劳-希尔教育出版公司与机械工业出版社所有。
本书封面贴有 McGraw-Hill Education 公司防伪标签，无标签者不得销售。
北京市版权局著作权合同登记图字：01-2021-5294 号。

## 图书在版编目（CIP）数据

丰田示范：企业持续改善思维实施之道/（美）特蕾西·理查森（TRACEY RICHARDSON），（美）埃尼·理查森（ERNIE RICHARDSON）著；肖燕译. —北京：机械工业出版社，2022.9

（经典精益管理译丛）

书名原文：THE TOYOTA ENGAGEMENT EQUATION: HOW TO UNDERSTAND AND IMPLEMENT CONTINUOUS IMPROVEMENT THINKING IN ANY ORGANIZATION

ISBN 978-7-111-71600-6

Ⅰ.①丰… Ⅱ.①特…②埃…③肖… Ⅲ.①丰田汽车公司-工业企业管理-经验 Ⅳ.①F431.364

中国版本图书馆 CIP 数据核字（2022）第 167311 号

机械工业出版社（北京市百万庄大街22号　邮政编码100037）
策划编辑：孔　劲　　　　　责任编辑：孔　劲
责任校对：樊钟英　刘雅娜　封面设计：鞠　杨
责任印制：邹　敏
三河市骏杰印刷有限公司印刷
2023年1月第1版第1次印刷
169mm×239mm・11.25印张・213千字
标准书号：ISBN 978-7-111-71600-6
定价：69.00元

电话服务　　　　　　　　　网络服务
客服电话：010-88361066　　机　工　官　网：www.cmpbook.com
　　　　　010-88379833　　机　工　官　博：weibo.com/cmp1952
　　　　　010-68326294　　金　书　网：www.golden-book.com
封底无防伪标均为盗版　　　机工教育服务网：www.cmpedu.com